2020 年度国家社会科学基金重大项目"河北行唐故郡考古发掘资料整理与综合研究（2015—2020）"成果

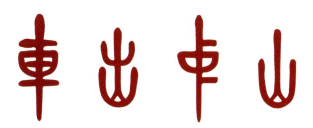

行 唐 故 郡 考 古 发 现

河北省文物考古研究院
中国社会科学院考古研究所　编 著
石 家 庄 市 文 物 研 究 所
行 唐 县 文 物 保 护 管 理 所

张春长　齐瑞普　闫炜　主 编

文物出版社

图书在版编目（CIP）数据

车出中山：行唐故郡考古发现 / 河北省文物考古研
究院等编著 . -- 北京：文物出版社，2021.1
ISBN 978 - 7 - 5010 - 6894 - 4

Ⅰ . ①车… Ⅱ . ①河… Ⅲ . ①考古发现 - 河北 Ⅳ .
① K872.22

中国版本图书馆 CIP 数据核字（2020）第 233092 号

审图号：GS（2021）173号

# 车出中山

## 行唐故郡考古发现

编　　著：河北省文物考古研究院　中国社会科学院考古研究所
　　　　　石家庄市文物研究所　　行唐县文物保护管理所
主　　编：张春长　齐瑞普　闫　炜

封面题签：郝建文
装帧设计：张春长
责任编辑：窦旭耀
责任印制：陈　杰

出版发行：文物出版社
地　　址：北京市东直门内北小街2号楼
网　　址：http：//www.wenwu.com
邮　　箱：web@ wenwu.com
经　　销：新华书店
印　　刷：北京京都六环印刷厂
开　　本：889mm×1194mm　1/16
印　　张：13.75
版　　次：2021年1月第1版
印　　次：2021年1月第1次印刷
书　　号：ISBN 978 - 7 - 5010 - 6894 - 4
定　　价：280.00元

序一

　　《车出中山——行唐故郡考古发现》即将由文物出版社出版，受春长之邀，为本书作序。恰逢中央电视台第 10 频道《探索与发现》栏目播出"考古公开课：神秘中山国"，春长以践行诗与远方的考古情怀，将行唐故郡的考古发现娓娓道来，如数家珍。他富于激情、诗情画意的讲解，逻辑缜密、脉络清晰的梳理，再现了中山国的历史，把观众的思绪带到那列侯争霸、战国纷争的时代。联想到自己承担为书作序之重托，顿有十驾难及、无从下手之感，唯能尽些查阙补漏之功。

　　历史上中山之名，始见于《左传》。关于其族属问题，史书有姬姓说、子姓说、与周同宗说、魏之别封说、鲜虞中山（春秋）和白狄中山（战国）说，还有鲜虞为白狄别种说等等，莫衷一是。1974—1978 年，平山三汲古城遗址 1 号墓考古发掘取得重大收获。其开口平面呈"中"字形，墓室平面呈方形，立面呈斗形，南北各有一条墓道。墓底为山体基岩，四壁用大小不同的大石料垒砌成石椁，其内依次放置木椁和木棺，上用积石覆盖。椁室外设东、西和东北三库。墓室两侧有陪葬墓 6 座。南墓道南端两侧各一大型车马坑，西侧车马坑西边并列杂殉坑和葬船坑。墓室焚毁，但东、西两库出土大量璀璨文物，其中铁足铜鼎、铜方壶和铜圆壶身刻长篇铭文，记载此为战国时期中山国王䌛之墓，还表明䌛以上有文、武、桓、成四世，证实平山三汲古城遗址当为"桓公徙灵寿"之国都——灵寿城遗址。1978—1987 年，河北省文物研究所陆续对灵寿城遗址进行勘察发掘，基本弄清城址范围、城墙构筑方式、城内道路水系、大型宫殿建筑基址、手工业作坊及居民居住址等布局结构，初步勘察"桓公"墓，发掘"成公"及其陪葬墓，对城外访驾庄、北七汲、中七汲、浦北、岗北、孙家庄等地贵族和平民墓葬勘察和发掘。此外，唐县淑闾、南伏城、北城子、钓鱼台，行唐庙上村、西石邱、李家庄、黄龙港、顺平坛山、灵寿西岔头，新乐中同村，平山黄泥村和曲阳大赵邱等地陆续发掘一批春秋或战国时期积石墓和土坑墓。其中出土青铜礼器与平山灵寿城遗址中山王墓及贵族墓同类器的器型纹饰相同，并存在发展演变规律，均出土络绳纹青铜器和具有北方民族特征的金盘丝耳环、金虎形牌饰和铜镞、削刀等典型器物，一些墓葬设壁龛置铜器或陶器，或放动物头蹄等殉牲。其结构、随葬品、葬俗特点等与平山灵寿城遗址的墓葬毫无二致，同属中山国文化范畴，极大地丰富了中山国历史文化内涵，从而在学术界掀起一股研究中山国的热潮，一些谜团得以解开。学术成果可概括为四点：一是这些遗存可分为春秋晚期，战国早、中、晚期及战国末期，与史志记载的中山国兴衰年代吻合。二是墓葬包含石椁墓和土坑竖穴墓两种，石椁墓始见于春秋晚期，延续到战国中期偏晚阶段，绝迹于赵灭中山之后。王及贵族墓以石椁墓为主，有封土，随葬周式青铜礼器和陶礼器、北方系青铜器、金虎形牌饰、金盘丝耳环以及玉器等，小型石椁墓随葬北方系青铜器、金盘丝耳环，中、小型石椁墓随葬陶器较少。三是中、小型墓葬多数青铜器或陶器置于腰坑或壁龛，一些壁龛有羊头蹄等殉牲。四是春秋晚期及战国早、中期的青铜器具有关联性特征，春秋时期土坑墓陶器多鬲、豆、罐不同组合，陶鬲仍延续商文化因素。战国时期陶器多为鼎、豆、壶、盘、匜等组合，器物演变规律清晰。将发掘材料与文献记载对照分析可知，中山国都城—灵寿城遗址1号墓铜器铭文中的"中山"即是文献记载的东周时期中山国，而非魏之别封，亦不可将春秋和战国中山国分割开来。这在行唐故郡遗址发掘中也得到印证。

行唐故郡遗址自2015年至今，已发掘春秋战国时期墓葬70余座、灰坑600多座、水井60多眼，还发现窑址、窖穴等遗迹，出土青铜容器40余件、陶器上千件。铜器有些新器类。陶器类型更加多样化，在春秋晚期墓葬中有鬲、豆、罐等多种组合，战国中期鼎、豆、壶、盘、匜等器型渐归一统。最重要的发现当属M58与陪葬墓M41、M37、M19、M30、杂殉坑和车马坑CMK2，共同形成主墓与陪葬墓、殉葬坑的基本组合，反映了战国早期中山国贵族墓地的布局规律，虽等级和规模不及中山王䜣墓，但体现出白狄族的葬制及其内在联系，填补了中山国考古学文化和历史研究的空白。车马坑CMK2布局、车辆结构和奢华程度在书中有详细描述，春长对其中5号车的概括生动传神："雪又飞时，蛇阵首，豪车乍现。威赫赫，辐多轮硕，衡轫驷挽。阔轸坚漆宣鹜岸，朱纹墨彩争绝艳。列金兽，虎头錾蟠龙，吞霄汉。"CMK2是迄今所见战国早期中山国保存最为完整的车马殉葬坑，完整再现战国时期车体结构、车舆和马匹装饰、系驾方式，为研究战国早期中山国生产力发展水平和贵族阶层生活方式提供了重要资料。2017年，行唐故郡遗址被中国社会科学院考古研究所评为"全国六大考古新发现"之一。此次发掘成果无疑是丰硕的，它与中山国都灵寿城遗址一起，在相当程度上，构建了中山国东周时期考古学文化序列，印证了史志记载的史实，揭开了白狄族从游牧到立国的谜团。

车声辚辚，淹没在滹沱河畔；马声萧萧，消失在太行山巅。行唐故郡这块土地上，不见了刀光剑影，民族融合绵延不断。故郡考古，见证着白狄族群华夏化的历史，书写着中山国历史发展的画卷。

学考古，干考古，那是一种执着；而带有诗意的考古，那应该是对考古的一种爱恋。致敬故郡考古人！祝愿故郡考古再谱雄篇！

魏文成

2020年12月26日

# 序二

习近平总书记指出："一个民族的复兴需要强大的物质力量，也需要强大的精神力量。""文物承载灿烂文明，传承历史文化，维系民族精神，是老祖宗留给我们的宝贵遗产，是加强社会主义精神文明建设的深厚滋养。保护文物功在当代、利在千秋。"从河北正定古城到首都城市规划，从福建万寿岩遗址到黑龙江731遗址群，从敦煌莫高窟再到今天的云冈石窟，习近平总书记身体力行推动保护和抢救文物工作，集中彰显了人民领袖留住历史根脉、传承中华文明、凝聚民族精神的历史担当。

得益于在正定的工作经历，我对落实习近平总书记的重要指示要求始终有着坚定的政治自觉和思想自觉，对文物保护有着更强烈的责任感和使命感。2015年7月到行唐工作后，我对这个千年古县的深厚历史文化底蕴有了更深入了解。从唐尧南行经历此地而得名南行唐邑，到秦代改邑为县，至今行唐已有四千年志书记载史、两千年建县史。现有北齐始建的封崇寺、金代摩崖石刻、唐代始建的升仙桥、宋代始建的香莲寺等众多文化遗存，其中省级重点文物保护单位六处，见证了行唐的历史沿革和沧桑巨变。上古名士许由、春秋儒将郤縠、赵国名将李左车等历史名人及其传说，赋予行唐特有的精神气质和文化底蕴。历史上的行唐，可以说风流蕴藉，2009年被联合国地名专家组织认定为"千年古县"。这在全国也不过百个。行唐，是一个有故事的地方。

近年来，在习近平新时代中国特色社会主义思想的指引下，在河北省委和石家庄市委的坚强领导下，行唐县委、县政府带领全县党员干部群众，围绕"激情开放、跨越赶超、建设美丽幸福新行唐"总目标，不忘初心、牢记使命，艰苦奋斗、砥砺前行，各项事业不断迈上新台阶。特别是，坚持把脱贫攻坚作为头等大事，尽锐出战、合力攻坚，绝对贫困问题得到历史性解决，脱贫攻坚战即将圆满收官，全面建成小康社会胜利在望。行唐，站在了新的历史起点上。

与此同时，一些发展的短板尤为凸显。比如，文化资源利用还存在碎片化的问题，融合发展不够，协调联动机制不健全；品牌意识不足，文化名片还没有叫响；服务业基础的相对薄弱，发展的质量和效益亟待提升。把脱贫成效巩固好，把乡村振兴战略实施好，把千年古县发展好，是我们必须回答的时代考题、必须扛起的时代使命、必须展现的时代担当。大美行唐，美在山水，美在田园，更美在人文，美在历史。当故郡遗址发现车马坑的时候，我意识到，有着丰富历史文化资源的行唐，在寻根筑魂、熔古铸今上大有文章可做。行唐，将依托老的历史推动新的发展。

故郡遗址的发现意义重大。它呈现的历史文化，是中华文明的有机组成部分，是我们千年古县的精神气脉，也是未来发展的智慧源泉。它不但让千年古县寻到了老根，而且为研究北方族群的历史文化、民俗礼制、经济形态等提供了珍贵的第一手资料，填补了同时期考古及历史研究空白，被中国社会科学院评为"六大考古新发现"。除了具有历史文化价值和艺术价值，故郡遗址对行唐县社会、政治、经济的发展也具有重大现实意义。它不仅让行唐人民加强了对千年古县的文化认同，还提高了大家对文物的保护意识，尤其可以培养青少年知历史、爱故乡的家国情怀。此外，结合附近其他文化遗存，不仅可以拓展以历史资源为导向的文化旅游，还可以结合当地的自然风光、民俗风情打造集研学教育、文化体验、旅游观光为一体的多元发展势态，从而打破城乡二元对立的壁垒，带动村民本地就业，过上幸福生活。以故郡遗址为点，辐射全县古迹、生态等旅游项目，进一步推动美丽乡村建设，最终促进全县产业的转型和升级，朝着《石家庄市行唐县国土空间总体规划（2020—2035 年）》提出的"区域生态涵养之区、千年古韵魅力之郡、山水休闲旅游之都、美丽幸福宜居之城"的发展目标前进，这是实现高质量发展的大道坦途，更是践行习近平总书记"绿水青山就是金山银山"理念的具体体现。

历史不是史料的简单堆砌，让史料完整而客观地说清历史，是对历史学家、考古学家思想观念和学识水平的考验。河北省文物考古研究院张春长研究员及其所带领的团队，扎根故郡考古六年，以对历史的敬畏和热爱，以弘扬和传承中华文化的赤子之心，以纯净得只剩下光泽的情愫，怀着对历史本质的关切、对今古人类的共情和对前人的尊重，倾听历史血脉的流动之声。他们对文物研精阐微，力图洞见战国时代的历史大势，还原中华民族的文明脉络，掇菁撷华，辑成一部《车出中山：行唐故郡考古发现》，既是对故郡遗址考古的讲述，也是对鲜虞—中山国历史的致敬；既是珍贵的研究史料，也是鲜活的地域记录。

车出中山，穿越历史，驶向未来。昔日，鲜虞—中山国在故郡扎根，不同族群在此融合发展，创造了璀璨的文化。今天，以车马为代表的文化遗存重见天日，启示我们要以更加开放的心态审视历史、拥抱未来。经历数千年历史跌宕起伏，千年古县行唐将焕发无限活力。

车出中山，打开一扇对话历史之门，引领人们体味中华文化的博大精深；也打开了一扇行唐走向世界之门，让更多的人了解故郡，了解行唐，了解河北，了解中国。

车出中山，行之必远。魅力行唐，其道大光！

2020 年 12 月 26 日

"母亲之河""天下之脊""天下中心"，提起这三个雅号，时空深处的浩瀚之气，便扑面而来。萦绕黄河、太行、中原的每个故事，都足以震撼人心。两千四百年前，北国大地，一列神秘车队，浩浩东行。它来自哪里？又去向何方？

　　故郡遗址的发现与发掘，牵出一段寻常而又非凡的考古故事。考古自带神秘和魔力。研赏掌上珍，兴寄阳春雪，食得烟火味，乐得田舍人。虽考古常需要挖土，而挖土不等于考古。阔野追遐迹，丸泥看乾坤，行如云间月，一顾万种情。理智僵冷有感性温度，科学程序有人文闪光。这是一场寻找时空锁钥的穿越之旅，这是一趟严谨而浪漫的探索历程。

　　爱能暖岁月，诗可化孤独。有了知识和痴情的加持，文物灵性复苏，充贯精气神。考古的要义是守护中华文明的根系，薪火相传，踵事增华。无疑，厚厚的专业性发掘报告，是揭示中华民族文化基因、讲好中国历史故事的底本。而发掘报告的漫长耗时和曲高和寡，往往也让考古走出象牙塔的脚步缓慢踟蹰。我们想快点把先期成果与大家分享，并开启一个新维度，关照历史遗存和考古经历中的共情与感动，把考古实相和雅趣，血肉丰满地呈现给公众。笔底淌出的文字，是态度、学问和体悟积淀孕化的生命之泉，当您的涓涓眼波与之相遇，也许会激起浪花、触发磅礴的想象力——而这正是一切思想、文化和创新纵横生姿的原始火种。

　　此为本书之初心。

巴彦淖尔市

包头市

呼

鄂尔多斯

乌海市

贺

兰

山

银川市

吴忠市

窟

野

河

黄

河

榆林市

无

定

河

吕梁市

山

瓜

中卫市

吕

梁

山

延安市

固原市

六

盘

庆阳市

泾

平凉市

山

河

铜川市

中

运城市

条

天水市

渭

山

渭南市

三门峡

三门峡市

宝鸡市

河

咸阳市

西安市

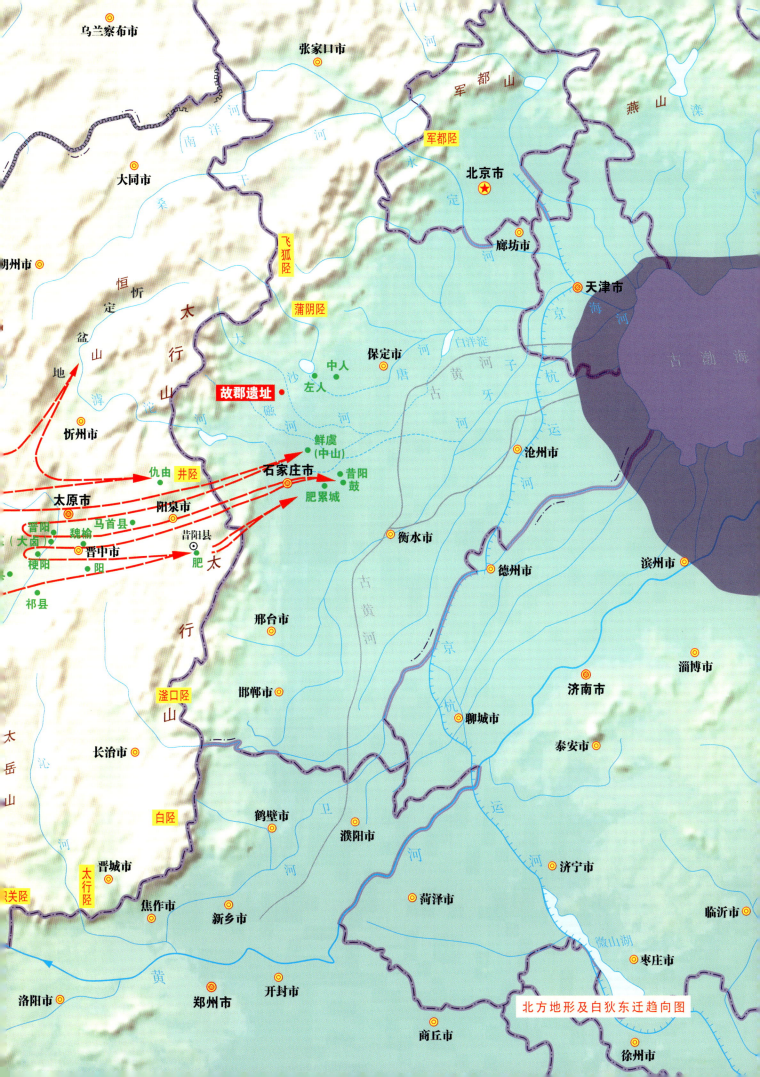

乌兰察布市

张家口市

军都山

燕山 滦河

大同市

北京市

廊坊市

朔州市

恒定 山

忻 定 盆 地

忻州市

太 行 山

飞狐陉

蒲阴陉

军都陉

天津市

古 渤 海

保定市

中人

故郡遗址

左人

沧州市

鲜虞 (中山)

石家庄市

昔阳 鼓

仇由 井陉

肥累城

衡水市

太原市

阳泉市

晋阳 (大卤)

马首县

魏榆

昔阳县

德州市

滨州市

晋中市

肥 太

梗阳

邢台市

淄博市

祁县

行 山

济南市

泰安市

邯郸市

滏口陉

聊城市

长治市

太 岳 山

白陉

济宁市

鹤壁市

濮阳市

菏泽市

临沂市

晋城市

太行陉

关陉

焦作市

新乡市

枣庄市

微山湖

黄 河

洛阳市

郑州市

开封市

商丘市

徐州市

**北方地形及白狄东迁趋向图**

石家庄之北百里，地曰行唐，位于太行山东麓浅山丘陵区与华北平原的交接地带，北纬 38°20′34″—38°42′39″，东经 114°09′56″—114°41′52″。古老地名镌刻着帝尧遐踪。今之县城龙州，乃战国龙邑。霸气名号，连着不凡故事。然而，它竟还不是这个千年古县的宿根。顺着文献中的丝缕印记，会把我们带到一个双河挟抱的村庄——故郡。这正是豪华车队现身之所。

故郡，就像一坛红枣酒，余味萦回。多少潮起与潮落，尽皆一往而情深，才造就村名这般雅重。老人们说，这个傍水望山的地方，坛坛罐罐装着历史，土坷垃掰开都是故事，雨点子砸出个蹊跷的贝壳，也妥妥的文化范儿。世代沧桑，青尘埋深了道道车辙，长风吹远了哒哒蹄声。轻叩时光的门环，问古老邑落，到底封藏怎样的壮阔与荣光？

太行山东麓地势图

右錄張春長先生詞 卜算子·考古　庚子仲冬　郝建文書

〖卜算子·考古〗

眼底渡云鸿，
方寸涵寥廓。
会向丘墟问废兴，
贯统一脉络。

宙合任纵横，
文化领航舵。
恣肆汪洋写壮图，
远业由恢拓。

# 目 录

CONTENTS

导　言　　　　　　　　　　　　　　001

上古名邑　　　　　　　　　　　　003

　　走近故郡　　　　　　　　　004
　　岁月钩沉　　　　　　　　　015
　　考古中山　　　　　　　　　019
　　追迹白狄　　　　　　　　　026

秘宝生光　　　　　　　　　　　041

　　春秋时期　　　　　　　　　043
　　战国早期　　　　　　　　　052
　　战国中期　　　　　　　　　134
　　两汉时期　　　　　　　　　159
　　北朝时期　　　　　　　　　163
　　唐宋金元　　　　　　　　　166

前途可期　　　　　　　　　　　171

结　语　　　　　　　　　　　　181

后　记　　　　　　　　　　　　199

【考古·开新】

光阴遁行迹，
田野载古今。

细嗅五壤　遥芬流馥，
倾听八风　远韵嗣音。

寸尺地层说千年迭代，
三二灰坑看一世兴沦。
金铜漆玉陶　森罗万象，
骨角贝丝粟　别有乾坤。

启封溯源之隧洞，
推开憧憬之窗门。

墨香沁指　捻土传薪。
科技挖潜　融贯贻鉴，

史河悠悠拓视界，
星空湛湛涤尘襟。
陶令犹若在，
何思桃花林。

导言

云蒸太行（故郡遗址北区由东南向西北摄）

　　两千年前的沉梦，被时光酿成了美酒。浓烈香芬，已然穿透封盖裂隙，萦惹无边诱惑。寂寂田野，一时蜂虿起怀，汹涌生波。我们来到这里，就是要唤醒迷失，揭开一段古老传奇。

故郡遗址入选 2017 年中国六大考古新发现。时空内涵与鲜虞—中山国密切关联，既有慕效中原的进取，又有难以割舍的乡愁，生动映现了北方戎狄族群华夏化进程。中山国是东周时期最为特殊的国家，但因史载甚少而充满传奇。

# 上古名邑

经籍几遍读，佚史尽搜无。
故宇松云处，中山雪影途。
深年怀迥韵，厚土抱金璞。
考古开曲径，翚飞冀鸿鹄。

# 走近故郡

行唐地势从西北向东南倾斜，低山、丘陵、平原三种地貌，如同一个大簸箕，把大沙河、曲河、郜河和磁河，统统倾向华北明珠白洋淀。栖踞簸箕北部洪积冲积扇黄土平原上的故郡，东有沙河南泻，南有曲河东流，坐拥山水之利。

故郡鸟瞰（由西南向东北摄）

在 20 世纪 90 年代之前，故郡曾是远近出名的秀美村庄。

"九顷湾"包裹在村庄西南。茂密森林带着一种天然恣肆，蒸腾着原始气息。云天苍鹰盘旋，草丛野兔跳跃。落果敲地，蘑菇生香。阳光斑斑点点，拖出焕焕金线。野葡萄像一串串黑珍珠，招摇着魔性诱惑。

乡邻们谈不够南边曲河之阳曾经的稻花香，大伙儿常说起北面沙河西畔肥得流油的膏腴壤。村子西北田野惯称"城角地"。清晨遍地拱出小泥珠，尺许见方的地面足有三五堆摆摊小贩——勤勉的蚯蚓，纷纷攘攘滋育出最为肥美的土壤。天然河水径直引流灌溉，丰足粮食哺育着香火续传。

河漫滩是昔时的伊甸园。宽衍的湿地从弯弯曲曲的长堤向东铺展出白洋淀也无法比拟的风景。

那片芦苇是人们心底闪亮的记忆，一直蔓延到七八里外的牧山根。春天芦锥排开壮观阵列，泛红的芦根映衬着顶尖扭出的嫩绿小叶，夏看碧水涌苇浪，秋赏皓月腊芦花，冬天人们巧手翻飞，把一丛丛芦苇打成苇箔，远销他乡。

树木、药草、野花是风景也是钱粮。把红柳撸成雪白的枝条编织小篮，

故郡遗址东眺牧山（由西向东摄）

是别具匠心的手艺。食玉炊桂般的奢望是吃一顿山药面饸饹，而筋道成型的秘诀，是将莹白软玉般的榆树嫩皮切片磨粉掺入其中。蒲草浑身是宝，秋天秆上结满香肠般的金色蒲棒，轻轻一敲便爆裂成絮；搂下前端寸许的蒲黄，筛出姜黄色的细面，到药铺卖个好价钱。蒲根磨碎翻炒，香飘十里，闹饥荒时那是三里五乡的救命稻草。

河滩也是鸟儿的家园。天鹅成对，大雁群飞，灰鹤、白鹤亦是常客，翅展两米的长脖子"呲喽"（拟音），冬天也来凑热闹。掏鸟蛋是童年最爱，循着啾啾之音，拨开密密芦叶，一准见到"苇喳喳"（拟音）！它巧妙地束起三四根芦苇，盘一个茶杯口似的小窝，孵着四枚蛋。眼睁睁地看着鸟蛋被摸走，无计可施的鸟儿，急得绕着孩子头顶狂叫。

水沟纵横，多的是鱼虾贝蟹。烧一锅水，现抄个兜网捞些回来，水刚滚开。若在锅底坑的细滑泥底有一个鼓泡，只消三齿叉一挑，碗口大的鼋鱼就露出来了！

这里还是个天然游乐场。小鱼贴着一丈深的河底漫游，却好似伸手就能捧起。错落沙丘从芦苇荡里突出，孩子们光着脚丫在白光沙里戏闹，渴了俯身喝个肚儿圆百病不侵。最热闹就数夏天，阳光下男人们的扑水声惊起一滩鸥鹭，月影里女人们的欢笑与苇叶婆娑和鸣。广袤湿地，留下故郡人多少欢声笑语。

夏日沙河（由西南向东北摄）

## 〖寻访南行唐〗

东河弯臂揽狄乡，
西野冲途入太行。
垒垒土层埋邑宇，
滔滔林浪涌莽苍。
美名寄意宣尧圣，
宝地钟灵润玉章。
遥迹传薪生慧力，
诗心何许叹沧桑？

故郡南部鸟瞰（由东向西摄）

故郡遗址雨后初晴（由东北向西南摄）

0　　　　10　　　　20　　　　30　　　　40　　　　50 厘米

新石器时代陶片

# 岁月钩沉

　　"千年古县"是行唐响当当的"驰名商标"。此乃国家战略项目，全国优选仅有百名。纵使大枣甘美、红薯软润、贡米喷香，恐亦难以撑起如此强厚的格局。底气在哪？就在故郡——行唐肇基之地。

　　四千年前，唐尧经此南行，种下了千年古县的胚根——南行唐邑，秦升为县，北魏改称行唐县，设立唐郡，走向峰巅。后来郡废县迁，"故郡"成为村名。日月跳丸，远去的人和事云雾迷蒙。三十年前，古城的残垣断壁延展在房前屋后，像一串大大的省略号，那情景至今还不时撞入故老心海，但已说不清跟哪段岁月瓜葛相连。

　　雁过留声，人过留名。尧帝光辉的背影，在人们心中留下不可磨灭的印迹，就像刮过花海的清风，让故郡这片积厚流光的土地，弥漫着悠久的香馨。在这里找到实物、证明唐尧南行的希望并不渺茫。因为已经捕捉到仰韶时代人类生息的讯息，它比唐尧生活的龙山时代还要更早。在调查捡拾的大量陶片中，一组红陶十分抢眼，随着进一步考古，相信仰韶时代的历史将会有具象而瑰丽的展现。

　　南行唐初为邑，或许只是居民聚居之处。周赧王二十四年（公元前 291 年）开始建城。而无论最初的

部落，还是演进的城镇—县治—郡城，1500 年前（南）行唐所指，均在今天的故郡村。跨过仰韶和龙山时代，掠过精彩纷呈的先秦，单从大秦帝国公元前 221 年设县开始算起，至公元 517 年行唐迁治犊乾城，故郡作为行唐县治和郡城不下七百年。村庄下面的城墙，尘封着秦代之前的密栉叠重。

　　故郡建置的巅峰当在北魏。公元 490 年，这里成为唐郡治所，迁治犊乾城后，便有了"故郡"之称。它饱含人们对往昔荣光的怀念。直至隋唐还依然有人生活在此，一些当时的墓葬就是明证。宋元之后数不清的一道道车辙，把故郡与北方连接起来，见证了当年的车水马龙。

　　现代史上的故郡，也曾写下浓墨重彩的一笔。抗日战争时期开挖的数百米地道，至今依然蜿蜒在这片田野，是爱国主义教育的绝好题材。地道战是不朽的创举，那是一道鲜艳的红色地标，承载着一段沉甸甸的抗战历史，记忆着英雄的行唐人民战胜侵略者的光辉业绩和智慧。

　　故郡历史，还有一段缺环不为人知。商周时代的鲜虞—中山国，是中国历史上光彩夺目的一段。顺着历史上溯到公元前 774 年。大玩"烽火戏诸侯"的周

幽王不会想到，乍现史册的一个名词，随后在春秋历史的星空划出一抹瑰丽俏色。

太行山东麓这个小国，起初倒无惊天之举，但代之的白狄延续其名，却搅起阵阵攻伐风暴，成为华夏雄国的大患。烟雨明灭的"鲜虞"，公元前489年淡出江湖，但精彩方才启幕。继绪的中山，在燕、赵、齐间几度亡兴。1974年中山王陵轰动世界，匿迹2200年的神秘国度初露峥嵘。

然而，这个曾让考古学家郭沫若苦觅终生的"艺术之国"，民众生活犹似飞鸿踏雪、扑朔迷离。

三起三落的鲜虞—中山，留下宝贵经验和深刻教训。他们在先秦时代的强国夹缝里创造了绚烂文明。虽然，浩繁卷帙里有关他们的记载仅有区区一万三千字，却已经分明让人感到奇诡的气质。唐河—大沙河—滹沱河川原上的故郡，就是中山人世代生活的腹地和灵魂栖息的故园。它们会在这里留下怎样的故事呢？

"南行唐北界碑"摩崖刻石

南行唐北界碑摩崖刻石，时代为东汉，位于山西省繁峙县神堂堡乡大寨口村北 1 千米、王子沟口南约 200 米、大沙河西岸的峭壁上。地理坐标为北纬 39°11′52.02″、东经 113°52′01.00″。此为历史上行唐县所辖最大境域之北界。碑文："冀州常山南行唐北界，去其庭四百八十里，北到卤城六十里。"

"南行唐北界碑"摩崖刻石拓本

战国时代，共有万乘之国七个、千乘之国五个。而在这十二国中，《史记》没有立传者，唯独中山。司马迁何以如此？其内心所思，成为千古之谜。可是，他的确是了解中山国的，因为在《货殖列传》中，他就画了一个中山国素描：

> 人众地瘠，投机取利，
> 殷商遗影，民俗躁急。
> 丈夫慷慨，悲歌游戏，
> 劫杀盗墓，山寨冶币。
> 女子善舞，鼓瑟作伎，
> 游媚贵富，天下宫仪[1]。

史圣眼中落拓不羁的反派脸谱，在两千年后，却被史学泰斗郭沫若，读出了跌宕风流：中山其人盖亦艺术的民族[2]。

阴影愈浓，阳光愈亮。历史的背面，许是另一番风景？

**注 释：**

【1】意出司马迁《史记·货殖列传》："中山地薄人众，犹有沙丘纣淫地馀民，民俗懁急，仰机利而食。丈夫相聚游戏，悲歌慷慨，起则相随椎剽，休则掘冢作巧奸冶，多美物，为倡优。女子则鼓鸣瑟，跕屣，游媚富贵，入后宫，遍诸侯。"

【2】郭沫若：《两周金文辞大系图录考释》之《图编序说——彝器形象学试探》，上海书店出版社，1999年。

# 考古中山

自春秋初年起，一个神秘角色把黄河中下游搅得天翻地覆，五百年里纵横决荡，终成控扼战国兴衰的枢辖。往事如烟，犹有一条脉络缥缈在卷帙墨香里：北狄—白狄—鲜虞—中山国。

白狄何者？中山何地？

戎狄蛮夷，合称四夷，是先秦中原王朝对四邻民族的泛称。四个古老象形文字暗含两重属性：一曰鄙薄——当初祖先用来表达邻族生活状态，并无贬义，后来才曲解为意含丑诋的族称，泛化成道德礼仪低下的指代；二曰方向——东夷西戎南蛮北狄。狄，广布黄河流域，因地处中原之北，又称北狄。现今一般也把不确定的商周北方族群混称戎狄。白狄是北狄分支，鲜虞乃白狄别种。

2793 年前的一天，烽火戏诸侯的周幽王正玩得不亦乐乎，鲜虞亮相了，这一年是公元前 774 年。不过，它似电光石火，随即淹没在白狄部落集团里。公元前 555 年，自晋陕高原东出太行的白狄初露锋芒，但由于晋国的羁縻和攻伐，十年后销声匿迹。公元前 530 年，蛰伏二百四十四年的鲜虞再次横空出世，这时它已是白狄部落联盟的首领，公元前 506 年建起中山国，在其后的二百一十年里，起起落落，亡而复生，突入中原文化圈，写出一部传奇。

20 世纪 70 年代灵寿故城和中山王墓的发掘，把寻觅视线锁定在滹沱河畔的平山，神秘国度撩开一抹面纱。然而，众多专家捋出的来龙去脉，也还是一条无法统一的粗线。中山国依旧在五里雾中。

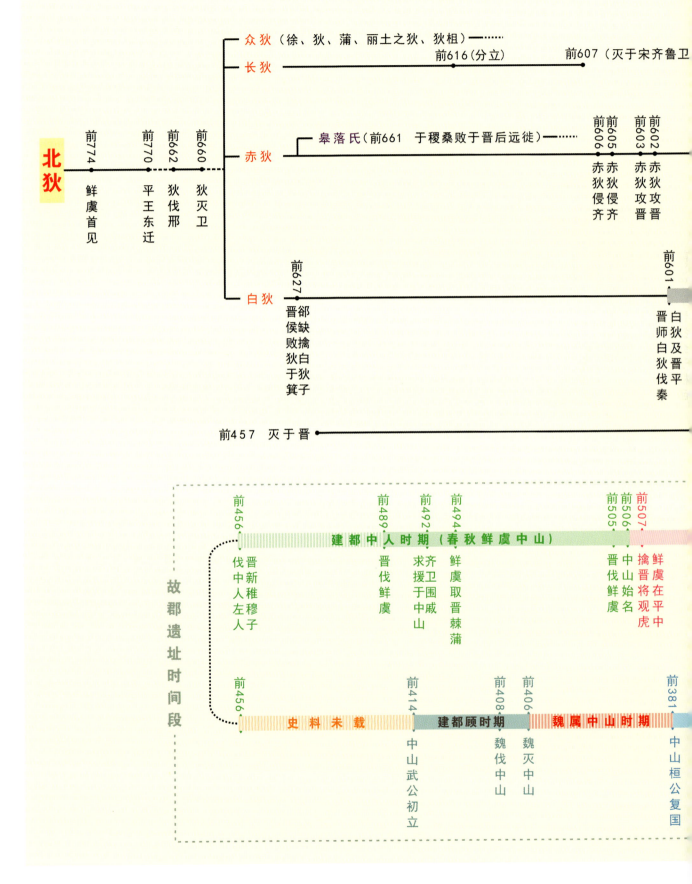

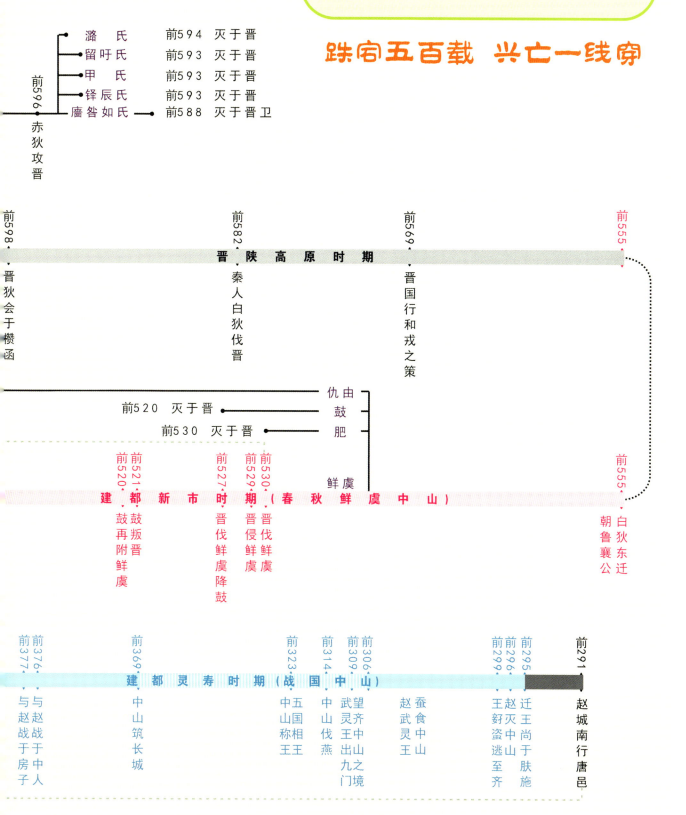

# 鲜虞·中山国时间轴

## 跌宕五百载 兴亡一线穿

潞　氏　　　前594　灭于晋
留吁氏　　　前593　灭于晋
甲　氏　　　前593　灭于晋
铎辰氏　　　前593　灭于晋
廧咎如氏　　前588　灭于晋卫

前596　赤狄攻晋

前598　晋狄会于攒函

前582　秦人白狄伐晋

前569　晋国行和戎之策

前555

**晋 陕 高 原 时 期**

仇由

前520　灭于晋　　鼓

前530　灭于晋　　肥

鲜虞

**建 都 新 市 时 期（春 秋 鲜 虞 中 山）**

前521　鼓叛晋
前520　鼓再附鲜虞
前527　晋伐鲜虞降鼓
前529　晋侵鲜虞
前530　晋伐鲜虞

前555　白狄东迁朝鲁襄公

**建 都 灵 寿 时 期（战 国 中 山）**

前376　与赵战于中人
前377　与赵战于房子
前369　中山筑长城
前323　中山五国相王
前314　中山伐燕
前306　武灵王出九门之境
望齐中山王
前309　蚕食中山赵武灵王
前296　赵灭中山赵武灵王
前299　中山王妅盗逃至齐
前295　迁王尚于肤施
前291　赵城南行唐邑

"山河千古在，城郭一时非。"公元前154年新封中山国，已非东周那个独立王国，而是秦汉一统下的郡国。袭用中山之名，创造新一轮辉煌，满城汉墓就是杰出代表。墓主刘胜乃首代中山王。定都卢奴（现在的定州）。中山王系不断更替，几经废立，直至隋朝，名号犹未消亡。公元583年，休眠的鲜虞又成为卢奴新名，公元621年归唐后才更名定州，历经宋金元明，在公元1113—1369年间长期作为府治，而府名仍为中山。

灵寿城对后期中山国的解读有重大意义。这些战国中晚期遗存只有淡淡的北方色彩，又让人疑窦丛生。王墓设置和中原有很多雷同之处，中小墓葬方向由东转北、陶礼器替代了日常用陶。高度中原化的风格，引发两种针锋相对的观点：到底是戎狄华夏化，还是华夏戎狄化？

二十余处殊俗遗存让情况越发复杂。它们散布在冀中西部的平山、灵寿、行唐、新乐、曲阳、唐县、顺平、满城等地，具有区域性、民俗性和特异性，时间在春秋晚期至战国早期，直指前期中山，下接灵寿故城。积石墓头东脚西、流行殉牲和殉人，金盘丝耳环、络绳纹铜容器、动植物合体瓠壶、虎形金牌、豆形铜錼等，特色迥异燕赵，浓烈的草原气息趋向北方。问题是，它与后期中山天悬地隔。非但定不了两者的血缘承继，又滋生了源头分歧：它们是夏家店上层文化南延的山戎一支，还是雍州东迁的白狄别种？苦苦追寻的鲜虞，依旧是明月芦花。

追踪真相必须整合上述零落的文化片段，这需要一个信息足够丰富的基因图谱。2017年中国考古六大新发现之一的故郡遗址发掘，恰逢其时。

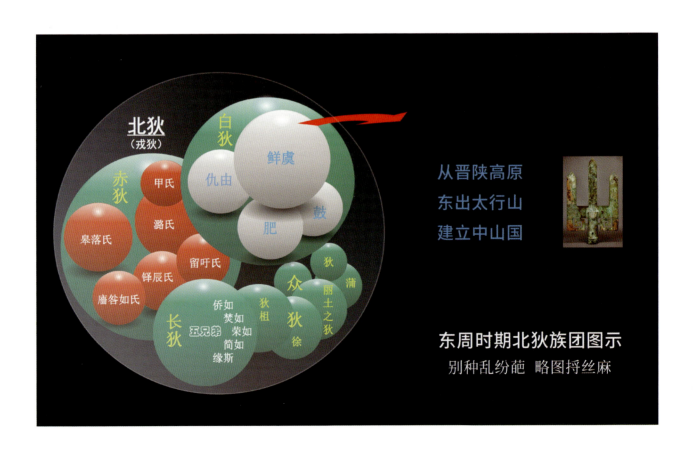

从晋陕高原
东出太行山
建立中山国

**东周时期北狄族团图示**

别种乱纷葩　略图捋丝麻

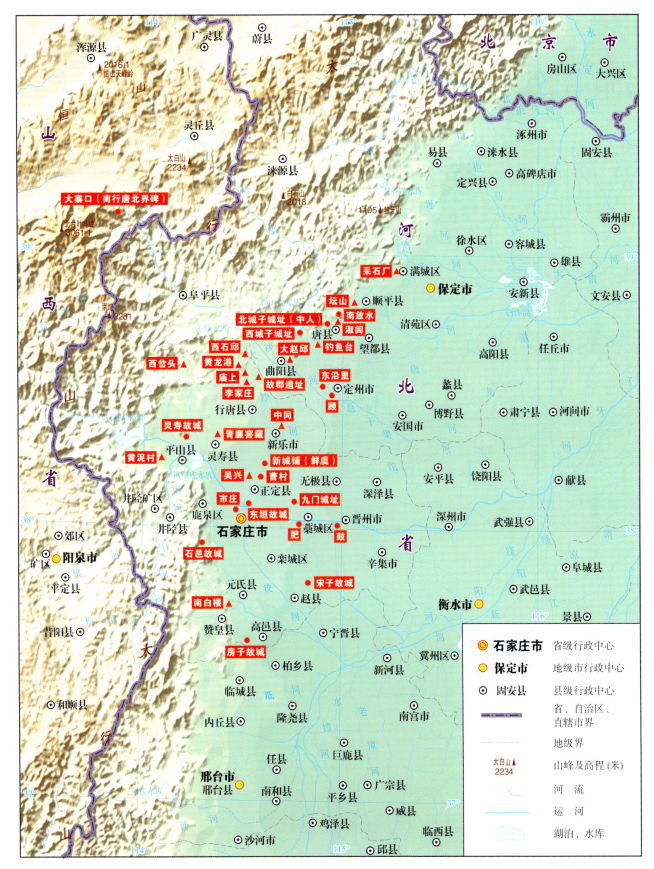

鲜虞—中山国遗存分布图

大沙河西岸考古踏查

## 〖考古踏查〗

心里装着一束愿望
倒空鼓胀胀的背囊
踏碎清凉花露
日记收满星光
蝉鸣燕啾波荡风篁
天籁里披沙拾荒
文化层是先祖的函柬
包含物是古老的信瓢
航拍仪飞瞰寥廓
RTK图绘精详
确定历史入口
准备时空溯航
兴怀天涯浪迹
啸傲雨横雪狂
汗血暖诗魂
吞笔吐铿锵

　　全面了解鲜虞—中山国的研究状况，以平山灵寿城及中山王陵为代表的后期中山国考古取得丰硕成果，而前期鲜虞—中山国还是空白。2015年开启此次考古调查、勘探与发掘。

# 追迹白狄

故郡遗址东区发掘（由东南向西北摄）

# 一、北郭迷岸

*甲地育灵辉，千秋美誉垂。*
*层层析野土，步步见奇瑰。*

千百年来，太行山东麓华北大平原边缘的这方水土，滋养着五千人的故郡成为十里八乡数得着的大村。绰号"生态系统工程师"的蚯蚓，畦里一锹就能挖出五六条，小麦亩产千斤那不算好年景。"地不爱宝"，田野的馈赠不止食粮，还有打开历史之门的钥匙。

那年风雨落桐花，连岸麦浪腾骢马。问根救赎，就此出发。随着手铲层层剥开田土，考古队越来越茫然。文化层和遗迹遗物呈现的意象，既不是郡的时代，更不是邑的格局。那一袭苍茫雄奇，史书翻遍却只字未载。

起初在战国文化层之下，几座升焰窑雨零星散，陈述了当年的制陶方式。南北方向的土坑墓中规中矩，盛着动物骨头的鬲，用来装酱菜的豆，盛装粥汤汁水的罐尊之属，都是日常陶器，铺开了春秋时代一幅农耕邑落的生活场景，似乎南行唐邑如日初升之刻的人间烟火，在考古队眼前袅袅升腾了。而一个特殊现象却打断思绪。

M55 陶鬲中的动物骨骼

比土坑墓稍晚的战国早期，又一群人长眠于此。墓葬方向迥异，转向东北，奇怪的是东壁有个龛，放置四个羊头和羊前蹄八只。这不是中原文化圈的内容，而是北方族群特色，学界谓之"殉牲"或"动物头蹄葬"。此种现象如果出现在西北地区或长城沿线，则不必大惊小怪，因为那本是北族活动范围。可大多学者印象中石家庄一带似乎当年属于华夏文化系统，出现游牧文化的殉牲，就像高粱地冒出棵肉苁蓉，不奇怪吗？

M18 壁龛中的羊头羊蹄

墓底又一个异象出现：棺椁围砌鹅卵石。这类墓葬，俗称"积石墓"。冲出山口的大沙河，多的是鹅卵石，按说防护墓壁就地取材，自是近水楼台。可考古不只囿于这个视角。遗址中此类墓不只一座，纵观这种积石墓分布的地区，还真不那么简单：在河北东周鼎立的三国中，它流行的范围，集于中山而燕赵罕见。另外，一些简单现象也有不可忽视的寓意：即便是小墓，也要在棺外放几块卵石，象征石椁，说明积石不止用来加固，这就有了特异性。

积石与殉牲，再加上草原风情浓厚的弹簧式耳环，指向中原华夏之外的一个异乡民族——白狄。

# 二、白狄影迹

文鼎细雕镂，绝艺冠东周。
敞镈犹须叹，满满是乡愁。

白狄神秘如幻，口口相传的故事，风化在篝火燃尽的原野，散没在史册里的记忆，像飘落枝丫的春雪似有若无。大约在春秋时期，他们从西北晋陕交界处的雍州之境，穿越太行来到今河北地界，其别种鲜虞，被认为建立了中山国——一个并非周天子分封、中原史家不屑一书的草莽诸侯。故郡，地处太行山东麓山前地带，就嵌在西土、东夷、朔漠和中原四大文化圈交汇的路口，南北东西自古皆有通衢大陌。无数学者也在这个枢纽地带寻找那些消逝的身影。

当我们信心满满断定殉牲是白狄证据时，接下来连续发掘两座积石墓，却未见殉牲龛。难道墓中显现西部戎狄特色只是偶然巧合？后来在每座墓前方5米发现一前一后两个坑，以窄槽相通，呈"吕"字形排列。前坑用来埋

CMK4 殉牲坑中的四马—牛头骨

葬殉牲。清理一层羊头后，下层竟然还有动物头骨，四马一牛。殉牲分层且动物不同，用意何在？原来，后坑放置一车，一根车辕通过沟槽伸向前坑；前坑下层之马，佩戴笼头，实际不是殉牲，而是后坑之车的畜力，这种形式前所未见，却使真相大白：无圭之墓，带有车马坑，殉牲放在与之相通的单独坑内。统计学表明：故郡遗址积石墓占七成，其中殉牲超过九成。一种现象成为风俗，指向性愈发明确。

　　青铜鼎甗工巧出奇，而众人焦点却在两件铜鍑。铜鍑是草原流行千年的万能容器，行军祭祀炊饮甚或洗漱都可用之，体量悬殊，小者高不盈尺，大者可重三百斤。故郡铜鍑只高约三寸。在著名的赵卿墓中亦有同类情形，粗糙不堪的小鍑在一同出土的千数美器中格外扎眼。它们卑小粗鄙，显然并非实用，不像其他器物容易通过购买、掠夺、贡献等方式得来，而是专门制作的随葬明器，器小而意深，其鲜明的地域特色可谓判定文化属性的明证，显示墓主对本族生活的怀念。还有一件带有提链的鸟盖瓠壶，是个动物和植物的合体，个性十足，亦是典型北方容器。这使积石墓族属白狄的判定又前推一步。

　　豪奢大墓 M58 的发现更令人惊叹。

# 三、合化先锋

墓深车阵长，群瘗马牛羊。
腰下堆铜器，金虎配狄王。

钻探一波三折。M58 附葬的车马—殉牲坑 CMK2，经历了不断否定的过程：误定为 7 米 ×4 米之墓—长度延至 15 米—改判车马坑—更订长度为 24 米，最终认定 CMK2 为前后双坑通联的"吕"字形车马——殉牲坑。

发掘三推六问。当初预判 CMK2 有四辆车，而最终挖出五辆车。它们一字排开，因头车无马之体骨，且四个马头又放在前方另一坑内，从而造成误判。前期发现的车马殉牲，不过是一种简单意象，而 CMK2 俨然是一列壮观的车队，外带旷古奇观殉牲坑。坑内四米见方有约四百颗动物头骨！这要杀死牛 37、马 28、羊 313 个，若首尾相连可绵延一华里。狂野恣肆还体现在车马坑有两个少壮殉人。

车马的细部清理须在实验室进行，"清理—回填—180° 翻转"反复六次，

M58 殉牲坑

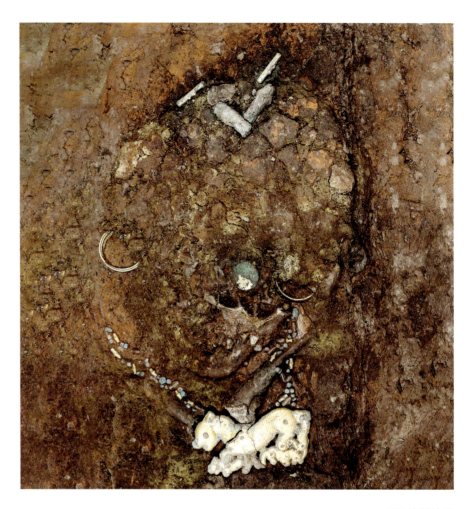

M58 头部饰品

冠绝天下的战国车队恢宏重现：车厢髹漆绘彩，朱墨双辉，贴金神兽熠熠生光；马匹盛装络辔，繁琐富丽，挽具镶贝迥然不同。这是完整阵列的原装展现，风俗信仰的极致表达。

M58 墓室深达 9 米，抵黄沙乃止。腰坑，这种商代殉狗之所，却塞满成套青铜礼器和漆器。其中不少器物反映了族性：别致的虎流弧壶带有鲜明的北方民族特色；圆壶上的络绳纹是草原民族携带器物而捆绑索绚的艺术再现；墓主佩戴的金盘丝耳环野气张扬；一条由金竹节、紫晶珠和绿松石编缀的项链，下垂四虎包金铜牌，尤为引人瞩目，它是身份地位的象征，亦是北方风俗之铁证，其确切位置可平息关于系挂方式的长期争论。

M58 主人，带领辚辚车队，赶着攘攘牛羊，浩浩荡荡，奔向天国。那不可一世的威仪，无疑是彼时社会的缩影，映现着戎狄部落定居于此、农牧共荣景象和独霸一方的雄强气势。佩饰殉牲是戎狄本色，而车马礼器多华夏礼俗，

进取精神和脉脉乡愁水乳不分。他们突入中原，成为中华文明史上第一次民族大融合的先驱，织成维系中华民族团结统一的纽带。

各种元素构成证据链，表明 M58 是一座北方族群的王级大墓。当然，不能将其规制放到中原礼制的成熟体系中衡量，有如外形似雉的始祖鸟，它在进化史上的里程碑式的意义，是美丽的孔雀不可等量齐观的。M58 虽不如战国七雄王陵宏大，但作为北方族群东入中原的特例、戎狄华夏化的体现、文化融合的先锋，却独步江湖。

还有三点值得关注：一是大量用金，M58 虎牌不是个例，还有很多积石墓发现饰金器具，有贴金铜胄、透雕龙虎纹贴金铜牌饰、错金铜戈等，此乃中原罕见的现象。二是殉人，这种在春秋时代被孔子狠批渐渐消失的野蛮行径，在故郡战国积石墓中依然大行其道，另有一墓竟然殉葬四个青年女性。三是高车骏马与西北甘肃马家塬出土的华丽车马异曲同工，积石墓与山西忻定盆地和山东淄博的同类墓葬丝来线去，隐约提示一条黄河流域从西北到海滨的戎狄迁徙路线。

出土迹象结合人种学、病理学等研究表明，以 M58 墓主为代表的这群人，其文化属性既非世居中原的诸夏，亦非游牧草原的北族，是草原文明与中原文明碰撞融合的结晶。从微观看，这些墓葬显示了行唐乃至石家庄的历史厚度，宏观讲它们是深刻理解中国历史的关键链环。积石墓已发现数十座，所属部落规模不小，时空密切关联鲜虞与早期中山国，让考古队压抑已久的心怦然而动，因为神秘中山已经四十年没有重大考古突破了。人骨、兽骨 DNA 是研究种群的直接证据，让中山国族群之谜有望解开。贝壳通过欧亚草原来自印度洋，提示了丝路开通和一带一路的悠远先声。人文地理有四条神奇界线：司马迁农牧分界线、胡惟庸人口密度分界线、僧一行限戎狄北戒线和诸夏御北前沿的神秘 38° 纬线，故郡恰在四条奇线汇聚区域，从聚落考古视角为探寻东周冀中地区复杂的国、族格局提供了珍贵资料。燕赵货币、晋齐特色的容器和剑戈，与北方民族特有的殉牲、虎牌、金饰、铜鍑共存，功能与艺术齐舞，骁悍与礼雅共生，正是中华文明的精神源泉。这一视野下的故郡可谓：打开鲜虞印封的密钥，破译戎狄源流的基因，映现民族融合的样本，锁在四条奇线的骊珠。

戎狄遗存是一块韬光璞玉，而提亮这一抹高光的细节真章，还在于对形形色色遗存的解析和阐扬。

中山国区位示意图（太行拥衢国　奇线锁骊珠）

M53 填土及塌陷坑夯层

# 四、大业流徽

*瓦器排标尺，九泥有独知。*
*丹心润史笔，俯仰尽雄诗。*

　　深究发掘材料以捋顺历史脉络才是考古真谛。金铜玉贝漆赏心悦目，玲珑细丽的螭虺夔蝉、云雷涡旋，乃商周时代选择的经典纹饰，而考古盼美物却不贪图，考量纬度更在于内蕴的中华五千年文明脉络。鼎豆壶盘各器，灌注古人思想；龙虎鸟鹿等纹，融汇先祖趣向。红铜花纹青铜壶，是铸镶技术的杰出代表，铸艺成熟的标志。铜鉴内壁狩猎宴前图，活现了生动的社会场景。考古分期的头牌角色当属陶器，这是因为其形态复杂、易损多变，而能敏感反映时代迁移，宜作断代标尺。地层以及土块中的鼠肝虫臂之属，也是测年的硬核指征。微尘般的细节也许收拢着千年前的壮阔场景，梳理它们乃是考古重头戏。

一部煌煌地书徐徐掀开。村北遗址初步分为四期：春秋晚期土坑墓—战国早期积石墓—战国中期居址遗存和地层—宋元地层，带我们回溯百世。史料显示战国早期中山灭于魏国，二十五年后复国，都城在平山灵寿城。而故郡村北地层表明，战国中期以后村北文化层消失，经战国晚期直到唐代几为空白，只有零星北朝小墓，与文献相合。直到后来，又有宋元地层叠压，成排的车辙南北延伸，书写了另一段精彩。需要注意周围相应出现三个明显变化：与村北战国中期居址同期，墓地西移并延续至汉唐宋元；在村北战国中期以后的文化间歇期，南边南行唐邑崛起，此时已归赵国；北朝时期墓地出现，该是唐郡时代遗存。地层和遗迹为故郡的时空变换做出明确注解。丝麻般的脉络渐渐捋出线头。积石墓主人所居何处？在地处村中的南行唐邑城墙下探得壕沟，已指出寻找方向。

考古深入，意蕴迭出。鼎里的羊兔骨骼，不但反映历史进程中的礼制变化，也是饮食文化的研究素材。西瓜样式的青铜敦盛着肉羹，说明这种粢盛器不止限于盛装温熟的黍稷稻粱。通过现代科技手段从器物、骨骼甚至土样标本中全面提取信息，获取真相，复原古老家园不是幻梦。

文脉有活力，逢时发新机。考古启程的地方——村北丰沃的"城角地"，就是一个回溯史河的渡口。发掘不足二十亩，悠悠往事只露出冰山一隅，而文化力量已汹涌澎湃，唤醒人们知来路、识归途。憧憬在沧桑中萌生，街墙变画廊，传递正能量，井灶墓窑八百处遗迹和千余文物激荡情怀，遗址公园融合创新的鸿业已然轰动引擎。想当年：风云乍起，海贝壳诱使贪婪之徒蜂拥哄抢，黄金箔引发一波翻地狂飙，堆堆马骨倾进河滩，辆辆雕车灰飞烟灭……寻宝梦啃噬得碧野千疮百孔。一门对话祖先的学问，一份共济世业的使命，一粒家国情怀的火种——考古，俯察大地，仰望星空，开辟全新迷人的视角，引领民众心灵的转向，以梦想和实干为桨，让历史与未来通航。烟波邑落，朗韵喷薄：

〔破阵子〕

几度饯风落羽，一番浴火重生，根追唐尧思上古，迹索白狄论枭雄，九皋听凤鸣。

大地积叠载厚，珍藏远意凝精，秘野霞开宣奥理，老圃春回舒高情，万般气象生。

考古，还在继续……

## 〖从来考古是传奇〗

远古
总似一簇篝火
在万点星光里
婆娑起舞
不迈开脚步
远方永远只是一团梦
考古便是穿越维度的犀舟
冲破迷茫校准了航向
六尺蜡杆勘形迹
三寸手铲定乾坤
一身朴素
尊严在心
休说满目尽野地
梦里多曾与相期
天高地阔恣豪气
裁云剪水皆诗题
晶莹汗珠滚动日光月影
黝黑皮肤包孕铁骨丹心
坚韧是文化张力的映带
雄浑是历史蕴藉的回音
历史本就有两种
记载传抄和原迹
挈还真相觅实据
唯有考古堪因依
千钟甘苦炼重义
十年一剑砥良知
溯源觉浩渺
走笔扫虹霓
不唯追昔求慰藉
且共明天固根基
若问勇力缘何处
从来考古是传奇

故郡遗址西区钻探（由东南向西北摄）

4号车双头贴金神兽

秘宝生光

沙河冲出天下之脊
拥山傍邑慢下步履
水流磨洗岁月
往事翻作浪花

蓝天碧野
谁在拾取遗荒旧梦
西畔陌头
探杆手铲轻舞萦风

陶鬲厚厚的灰臭
袅袅漫散春秋家园的烟火气
熏染了花纹的青铜鼎
又寓怀了怎样一种庄严礼仪

雕戈锋刃那幽蓝色的寒芒
照见战国沙场的烽火狼烟
骨簪许是不归征人的信物
千年后又让人掬一捧泪珠

虎牌耀辉，唯佩朔方豪俊
车马煊赫，傲视万乘双雄
层土波澜阔
笔尖风光浓

文化根、民族魂
徜徉在墨香
盘桓在诗行
结聚于文物而扬光

凝视摩挲间
历史脉动传指端
澎湃之力
奏响心弦

【 水调歌头·考古人 】

衣褐而怀玉，苍野又穰川。
地书深寄，层土寸隙看波澜。
杯酒荡平百障，展目洞连今古，回首问流年。
月影侵黄卷，汗雨润鸿篇。

秉直笔，诗霜雪，趣高坚。
洪荒追览，崇雅黜浮耻疏闲。
一品心实真性，万卷书香事业，甘苦付妍谈。
孤诣传薪火，良史焕瑶天。

沙河日曛

# 春秋时期

## 1

### 陶釜

夹砂灰陶。侈口，折沿，圆唇，深弧腹，小平底。饰竖向绳纹及横向凹弦纹三周。

J47 出土。

口径 29、通高 20 厘米。

## 2

### 陶罐

泥质灰陶。侈口，平沿，短束颈，折肩，斜腹，平底。素面。

M23 出土。

口径 11.8、通高 11.7 厘米。

## 3

### 陶罐

泥质灰陶。侈口，平沿，方唇，沿面及唇面各一周凹槽。矮领，腹微鼓，平底略内凹。饰绳纹及凹弦纹。

M57 出土。

口径 14.2、通高 20.5 厘米。

## 4

### 陶罐

泥质灰陶。侈口，折沿，矮领，溜肩，腹瘦长微鼓，小平底内凹。饰绳纹。

M60 出土。

口径 15、通高 21.3 厘米。

5
陶罐

泥质灰陶。盖为豆盖捉手。口近直,平沿,鼓腹,平底。肩部六组双圆圈纹。

M91 出土。

口径 9.4、通高 17.5 厘米。

6
陶罐

泥质灰陶。敞口,平沿,短颈,折肩,斜腹,底内凹。饰暗弦纹及锯齿纹。

M91 出土。

口径 16.4、通高 22.7 厘米。

## 7
## 陶鬲

夹砂红褐陶。侈口，折沿，沿面凹槽两周。圆唇，腹略鼓，平裆，三矮实根足。饰中绳纹。

M56 出土。

口径 17.7、通高 16.3 厘米。

## 8
## 陶鬲

夹砂红褐陶。侈口，折沿，圆唇，唇面凹槽一周。鼓腹，裆略平，三矮实根足。绳纹较粗。

M57 出土。

口径 13.2、通高 15 厘米。

# 〔鬲〕

龙山生发汉销匿，纯正血统东方系。
岁迭上下三千年，朔土纵横四千里。

膨腹空足高效率，变生甗鬴为母体。
暖香万家烟火味，占断先秦第一席。

形态材技分界区，燕式楚式各差歧。
谱系渊源别族聚，姬周姜戎迥异宜。

口腹裆足看仔细，早晚演化定分期。
常用易损多嬗变，断代意义现象级。

民间烹煮不可缺，初昔此器皆陶艺。
商至春秋铸青铜，礼祀祭飨关社稷。

偶见方形莫惊奇，辨鼎实足定性地。
铁釜终结叹喟然，宣德炉上寻回忆。

寄托信念成体系，智慧之光耀遐迩。
封爵立国留美号，文明化石谁堪敌？

## 9
## 陶鬲

　　夹砂灰褐陶。侈口，折沿，沿面凹槽两周。圆唇，鼓腹，裆略平，三矮实根足。饰细绳纹。

　　M60 出土。

　　口径15.2、通高15.5厘米。

## 10
## 陶鬲

　　夹砂灰陶。侈口，折沿，沿面凹槽两周。腹微鼓，平裆。三高实根足。饰粗绳纹，腹中部附加绳纹一周。

　　M91 出土。

　　口径15.5、通高21.2厘米。

## 11

## 陶壶

泥质灰陶。敞口,长颈,腹瘦长,圜底,假圈足。表面黑色陶衣,饰暗弦纹及锯齿纹。
M91 出土。
口径 11.2、通高 33.1 厘米。

12

## 陶尊

泥质灰陶。侈口，平沿，
圆唇，弧腹，中部略内收，平
底。腹部两周凹弦纹。

M63 出土。

口径 15.6、通高 14.8 厘米。

13

## 陶豆

　　泥质灰陶。敞口，圆唇，折腹，圜底，高柄中空，喇叭形圈足。腹上部一周凹弦纹。

　　M60 出土。

　　口径 18.4、通高 14.6 厘米。

14

## 陶豆

　　泥质灰陶。盖缺失。豆盘子口，深弧腹，圜底，高柄中空，喇叭形圈足。施网格状暗纹，腹中部一周凸棱纹。

　　M60 出土。

　　口径 18.0、通高 22.2 厘米。

# 战国早期

## 1

### 一号车马坑 (CMK1)

位于 M5 东侧，内葬一车三马。马头东向，有角镳及石贝编串的络辔，中马有铜衔，左右马颈有青铜珠串饰。独辀车仅存残底，依底部轸板内侧计面阔1.1、进深 0.8 米。车轮放置于轮槽内，表面髹红漆，轮径1.22、轨距2.1米。车轴两端軎间距2.4米。车舆左后方有殉犬1只，车舆右前侧有石贝、骨管、角镳等。

开口东西长3.85、南北宽2.62—2.42、深2.0米。

一号车马坑（CMK1）车舆

## 1-1

### 角镳

　　整体呈角锥形，断面为八棱形，顶端尖状。镳体中部两个长方形穿孔。穿孔外侧漆绘红褐色云雷纹。

　　CMK1 出土。

　　通长 21 厘米（左）、残长 10.2 厘米（右）。

## 1-2

### 铜軎、辖

　　軎作圆形直筒状，外端近缘饰绚索纹两周，内端有外折宽沿，有穿孔可穿辖，通身饰勾连雷纹。辖首尾各有一穿孔，首作兽头状。

　　CMK1 出土。

　　軎长 5.9 厘米（上）、辖长 8.8 厘米（下）。

## 2

## 二号车马坑 (CMK2)

　　位于 M58 东侧偏南，由西侧车马坑和东侧殉牲坑组成，中部有沟槽相通，整体平面呈"吕"字形。车马坑内自西向东纵列摆放驷马独辀车五辆，辀东向。坑底中部两侧各有一壁龛、各殉 35 岁左右的男性 1 名。五号车置于坑内最东端，系驾马匹位于殉牲坑底部，仅有马头 4 具和蹄子 8 个。其余 16 匹马均为完整马匹，带有全套络辔，杀死后摆放在车辆系驾位置。车辆车轮皆卸下扣置于车舆之上。同车所配马匹装饰基本相同，异车则差别明显。殉牲坑内分三层埋藏马牛羊部，头部两旁放置一对蹄，以此代表一具动物个体。至少有牛 37、马 28、羊 313 个。

　　车马坑开口东西长 20.85、南北宽 3.9—4.2、深 2.7—2.9 米。

　　殉牲坑开口东西长 2.85、南北宽 3.35、深 2.8 米。

2-1

铜卡环

前端长吻兽首，中部
环近方形，后端虎形兽首
咬方形环。扁椭圆形銎部
残有木痕。

CMK2 出土。

通长 9 厘米。

2-2

铜卡环

前端长吻兽首，中部环
长方形，后端长吻兽首顶
立一柱，柱顶一固定圆环。
长吻上翘，顶端有圆柱形
銎部，残有木痕。

CMK2 出土。

通长 15.8 厘米。

二号车马坑（CMK2，由西南向东北摄）

# 〔车马坑〕

五千年前马的驯养是历史性的大事
遍揽山河千里追风
金戈铁甲纵横驰骋
马是人类生活的伙伴和沙场的劲兵

四千年前车的发明乃了不起的创举
滚动替代移行使速率骤然提升
搬物代步只是初级意义
车轮牵系财富和战争

车和马是绝妙参配
诠释着力量和激情
夏王启的"甘之战"首次记下车辚马萧
车马合璧成就无数梦想与功名

始祖黄帝号轩辕
天子帝王称万乘
车马曾是野战的主力
还是衡量国家实力的定盘星

春秋战车驶向鼎盛
及至战国走上巅峰
大汉把兵车推向没落
因为兴起了狂飙骑兵

生前车马无疑表显地位
身后车马依然备受推崇
时空模糊了遥远的记忆
大地珍藏着沉默的影踪

二里头的那道车辙驶向哪里
常常勾起人们猜想夏车的剪影
殷墟车马坑的成功清理
印证了商朝甲骨文的"车"字象形

碾过烽烟的车轮生生默化尘土
勇健的骏马唯余白骨纷零
感喟繁华寥落非吾所愿
恢拓祖泽考古志在雄英

发掘遗迹千般万种
最难就是挖车马坑
辨全灰痕实属不易
还原结构堪称神通

日久经年车土混为一体
木灰置换丹漆糟朽酥松
土中找土说鬼斧
化腐成奇称神工

刮掏刷剔全套工具专用
摄录记画全程数字跟踪
防虫防鼠防蚯蚓
避晒避雨避狂风

发掘须练柔功夫
保护得有硬本领
寻考故墟思接千载
复原车马起死回生

清理保护二号车马坑

## 2-3

**3号车右骖马口鼻部**

**贴金铜泡**

2-4

## 贴金铜泡

圆形，正面凸鼓，周沿细密穿孔。背面中空，有 2 横鼻。正面中部贴金。中间为圆圈纹，周边放射状线纹，外围分两周饰 11 条龙纹交互盘绕。

CMK2 出土。

直径 11.9 厘米。

3 号车左骖马头颈部（马头向东北）

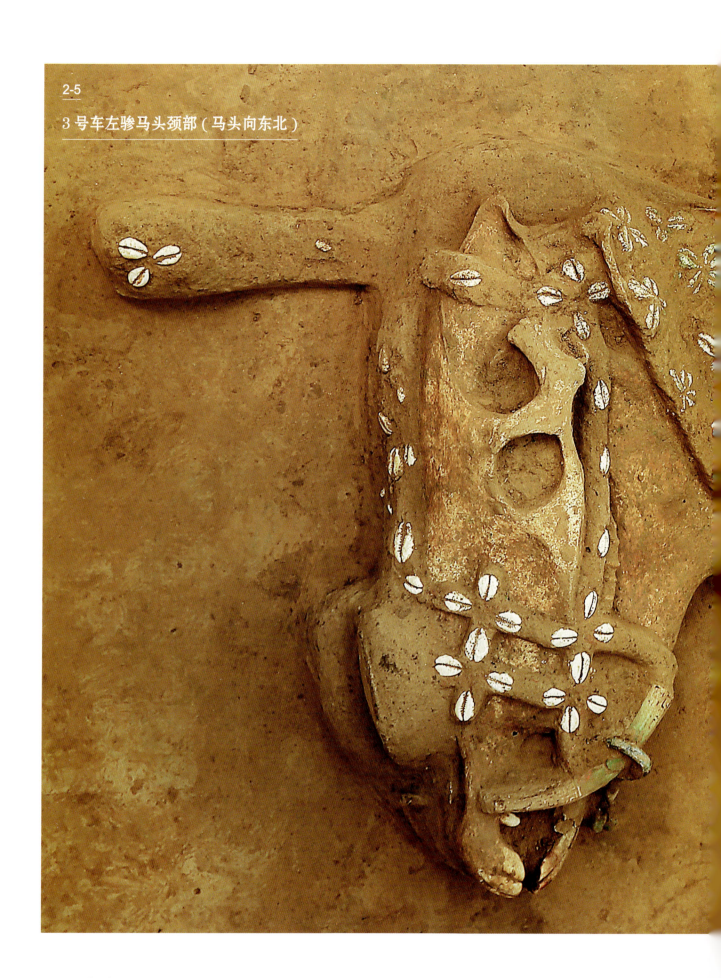

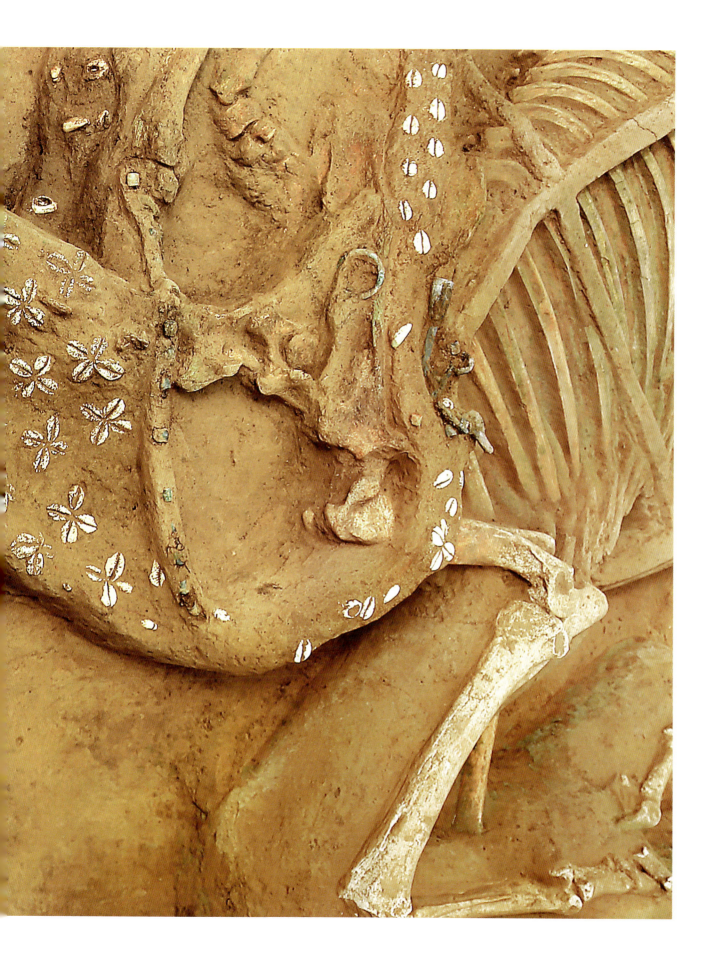

【江城子·四号车】

朱轮华毂迈气张，虎头双，迸金光。四牡彭彭，络缡海贝镶。森冷长戈雕木秘，东远指，战尘扬。

酋帅驱驰出太行，拓封疆，慕儒乡。五国相王，枢柄战国关四路，分燕赵，列八强。

掎鹿向冀方。

2-6

4号车

　　4 号车为驷马独辀车，马匹用铜构件、海贝、骨贝组成的挽具装饰，骖马嘴部有用皮条编串贝壳组成的笼嘴。车轮摘下斜覆车舆，轮径约1.4米，有轮辐26根并夹辐2根。车舆镶嵌贴金双头神兽和泡形饰件。有两柄长戈由车舆后部直至马头，长约3.6米。

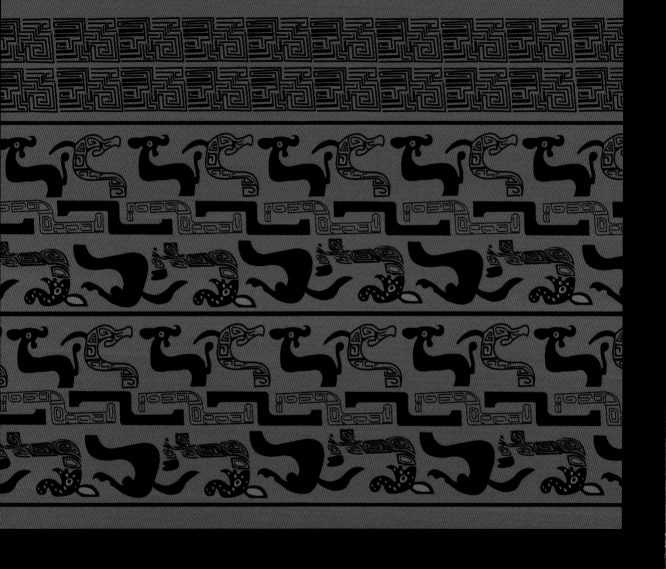

## 4 号车舆贴金饰件

铜泡鼓凸，身有多处穿孔。正面贴金，
中间涡卷浪花纹三朵，外围龙纹四条。

直径 12.8 厘米。

2-9

5 号车

系驾马匹位于殉牲坑底部，有马头 4 具，以海贝编串络辔，口鼻扣以铜泡。车舆面阔 1.42、进深 1.06 米，存高约 0.6 米。车舆挡板漆绘红黑色云雷纹图案，左右后部、后端覆有红褐色漆绘层，分三层镶嵌金属制兽形及玉璧形饰，表面贴有线刻纹金箔。车门位于车舆后端。车轮径约 1.40 米，有轮辐 38 根。车舆上下有铜戈 7 件。

〖满江红·5 号车出土〗

雪又飞时，蛇阵首，豪车乍现。
威赫赫，辐多轮硕，衡辀驷挽。
阔轸坚漆宣骜岸，朱纹墨彩争绝艳。
列金兽，虎头鳖蟠龙，吞霄汉。

长戈利，杀气漫。图王业，启中山。
二百年骋纵，太行谈剑。
傲睨七雄三起落，襟屏五水独坐断。
问大地，朔雁始何栖，故郡瞰。

5号车

二号车马坑位置展示

## 3

# 四号车马坑 (CMK4)

　　位于 M40 东北侧，由西侧车坑和东侧殉牲坑组成，中部有沟槽相通，整体平面呈"吕"字形。殉牲坑内殉牲分上下两层，上层殉羊头蹄，下层殉 4 马 1 牛头蹄。马头用骨贝编串络辔，有铜镳、铜衔。车坑内一车仅余底部，车轮拆下斜覆车舆，左后角车舆下有一殉犬。车辀通过沟槽与殉牲坑底部马头相连。

　　开口长 4.92、宽 2.7—3.5 米。

3-1

## 铜镳、衔

镳体造型如"C"形,两端兽首回望,背面2方形纽。衔两节"∞"形直杆相连,内环圆形,外环椭圆形,内环小于外环。

CMK4出土。

镳长15厘米、衔长20.7厘米。

## M58

　　竖穴土坑积石墓，周围及顶部积石。葬具一棺一椁，葬式仰身直肢，头东脚西。棺椁内随葬金盘丝耳环、贴金铜饰件、贴金虎形铜牌项饰、贴金铜泡饰、青铜兵器及玉石器等。墓底有长方形腰坑，随葬鼎、豆、壶、瓠壶、甗、鍎、盘等青铜容器及漆木器等。

　　开口东西长 4.1、南北宽 2.7、深 8.5 米。

## 4-1

### 青铜鼎

弧形盖周列三环纽。鼎身子口内敛，附耳上部外撇，鼓腹，圜底，三兽面蹄形足。鼎身饰蟠螭纹，腹中部绚索纹一周。

M58 出土。

口径 17.2、通高 18.2 厘米。

4-2

## 青铜鼎

弧形盖周列三卧兽形纽，饰涡纹、蟠螭纹及勾连云雷纹。鼎身子口内敛，鼓腹，圜底，三蹄形足，身饰勾连云雷纹，腹中部绹索纹一周。

M58 出土。

通口径 20.5、通高 26.8 厘米。

M58 鼎盖上的卧兽形纽

4-3

## 青铜鼎

弧形盖周列三环纽，饰涡纹及蟠螭纹。鼎身子口内敛，鼓腹，圜底，三蹄形足。附耳周缘饰绚索纹，内外侧饰云雷纹。鼎身蟠螭纹，腹中部凸棱纹一周。

M58 出土。

口径 35.1、通高 35.9 厘米。

## 4-4

### 铜錦

体呈长方椭圆形。口内敛，小平沿，方唇，短束颈，环形附耳，深腹，圜底，圈足。腹部饰蟠虺纹带及蕉叶纹。

M58 出土。

口径 14.1—16.8、通高 9.4 厘米。

## 4-5

### 铜錦

体呈椭圆形。口微内敛，圆唇，短束颈，环形附耳，鼓腹，圜底，圈足较矮。腹部饰蟠虺纹带及蕉叶纹。

M58 出土。

口径 13.6—15.7、通高 8.5 厘米。

铜甗

　　上甑敛口，平沿，方唇，附耳，深腹，箅底，圈足。腹饰蟠螭纹及绹索纹。箅孔细密。下鬲作母口，短束颈，肩部对称环耳，三蹄形足。器表有烟熏痕。

　　M58 出土。

　　通高 47.4 厘米。

M58 铜甗箅底

M58 铜甗之鬲

4-7

铜盘

口微敛、平沿、方唇，深腹，平底，圈足。附耳略外撇，上部外折。

M58 出土。

口径 38—38.8、通高 12.5—13.7 厘米。

# 铜壶

盖作子口，两圆纽套接活动圆环。壶身侈口，长颈，鼓腹，平底，矮圈足。颈中部对称双环耳，腹中部一圆环。蟠螭纹、素面宽带相隔。

M58 出土。

口径 10、通高 31.7 厘米。

4-9

## 铜壶

　　盖作子口，中部一圆纽。壶身侈口，长颈，鼓腹，
平底，矮圈足。颈部以下饰络绳纹。

　　M58 出土。

　　通高 38.4 厘米。

# 〖络绳纹铜壶〗

环纽拴链肚滚滚
络绳捆扎光阴痕
系向马背摇日月
烈酒激荡逐梦人

M58 瓠壶盖顶虎形流

## 铜瓠壶

　　盖作子口，虎形流。壶身倾斜，口微侈，束颈，溜肩，平底。用链条连接器盖和腹部錾手。器身红铜铸镶几何纹及鸟兽纹。

M58 出土。

通高 30.5 厘米。

## 4-11

### 铜小腰

墓主额头装饰物。表面贴金，呈长条状，中部两弧形凸棱之间形成凹槽。

M58 出土。

长 4.2 厘米。

## 4-12

### 金耳环

墓主头部两侧。圆形细金条盘绕成弹簧状，两端稍尖呈锥形。盘成四圈。

M58 出土。

丝盘径 4.6 厘米。

## 项饰

上部由水晶、绿松石、金竹节等珠、管串成，下部为贴金虎形铜牌，铜牌共一大三小四只虎，正面贴金，背面内凹，横向有两穿鼻。

M58 出土。

牌饰长 11.6、高 4.2—5.7 厘米。

〖 虎形牌饰 〗

朔风冶血性
金铜标形名
烈烈万古意
深深一往情

薄皮皱，怕干透，
腐骨松，不禁风。
保湿加固急如火，
浆纸糊裹似茧虫。

整取入室控温湿，
徐徐脱水缓进程。
喷雾蒸发复交替，
薄荷醇水保胎形。

等待等待还等待，
过了春夏又秋冬。
翻来覆去精诚至，
沉泥去净双色明。

红黑配伍最经典，
美学密码锁永恒。
远韵淌过岁月河，
气脉悠悠贯心灵。

研摩　神驰化外，
思力　冲破时空。
堪抚传笔梦，
壮我拓新情。

## 4-14

### 漆簋

口部残损，圆盖中有环形纽。器身腹微鼓，上腹对称双环耳，矮圈足。饰云雷纹。

M58 出土。

通高 18.8 厘米。

【漆器发掘】

土里忽见一抹红，
心间翻破五味瓶。
此物经久软酥脆，
相逢喜忧交互生。

多想即刻晓全貌，
再急下手犹须轻。
竹签棉球慢剔擦，
呼吸尚忌伤皮层。

那堆泥团之下，
可有涅槃之凤？
多少次这般追问，
到头来空叹一声！

不惮江南水，
笑傲大漠风。
偏是北方重壤，
半干不湿克星。

4 号车舆漆饰

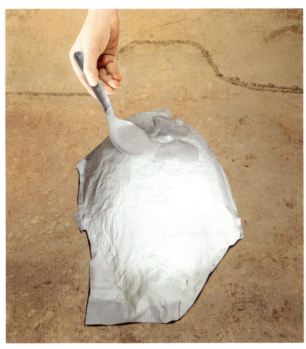

漆器提取前用宣纸沙布石膏加固

漆器室内清理

M53（上为西）

## M53

竖穴土坑积石墓，周围及顶部积石。墓室下部以鹅卵石砌筑、分为五室。主室居中靠东，葬具一棺一椁，未见人骨。随葬青铜兵器、鎏金铜牌饰、铜扣、玉石饰品及漆木器等。主室四角各一侧室，葬具单棺，各葬年轻女性一名，仰身直肢，头东。墓室南壁东侧积石上方设长方形壁龛，随葬鼎、敦、壶、鉴、匜等青铜容器 7 件。

开口南北长 5.07—5.34、东西宽 4.96—5.58、残深 3.8—4.6 米。

〖 感兴 〗

生生泉骨化无形，
莫辨白衣与紫青。
何比诗仙邀晧月，
但磨铁砚枕清风。

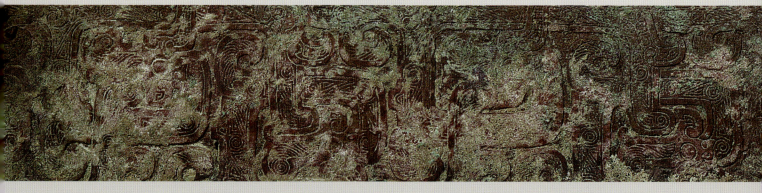

## 5-1

## 铜鼎

　　盖面周列三环纽。鼎身子
口内敛，鼓腹，圜底，三蹄形足。
盖面中心饰涡纹，其外蟠螭纹、
素面宽带相隔。器身饰蟠螭纹，
中有绹索纹一周。器纽、耳饰
卷云纹。

　　M53 出土。

　　口径 23.3、通高 28 厘米。

全貌能看　一扫玩转

铜鼎腹部纹饰展开图（上：5-1，下：5-2）

## 5-2

## 铜鼎

盖面周列三环纽。鼎身子口内敛，鼓腹，圜底，三蹄形足。盖面中心饰涡纹，其外蟠螭纹、素面宽带相隔。器身饰蟠螭纹，中有绚索纹一周。器纽、耳饰卷云纹。

M53 出土。

口径 23.3、通高 27.8 厘米。

## 5-3

# 铜壶

壶盖子口，顶置四鸟首形
环纽。壶身侈口，平沿，长颈，
鼓腹，平底，高圈足，肩部对
称铺首衔环耳。红铜铸镶纹饰，
盖面四环纽分隔四组勾连云纹。
器身鸟、兽纹以七周对三角纹
分隔为六周。

M53 出土。

口径 11.7、通高 46 厘米。

全貌能看 一扫玩转

M53 铜壶铺首衔环耳

5-4

铜壶展开纹饰

铸镶红铜纹饰青铜壶复原效果

0       50 厘米

## 铜护甲

　　整体呈倒"凸"字形，浮雕或镂空透雕龙18条、虎14只、蛇2条，呈中轴对称分布。正面贴金，局部镶嵌绿松石。背面四角各有一穿。

　　M53出土。

　　通长26、宽22厘米。

———

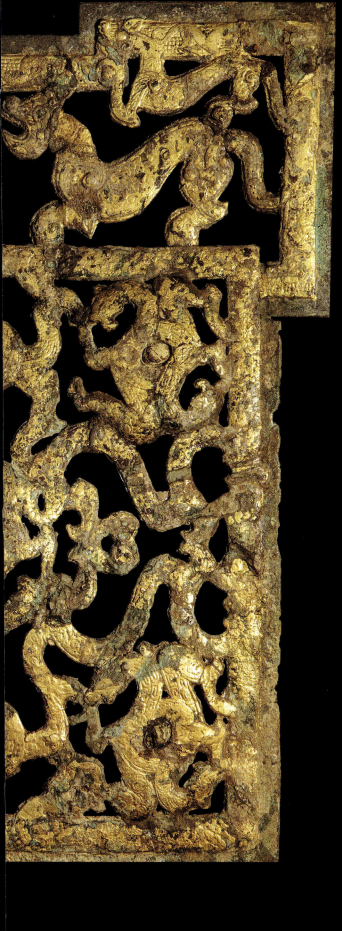

〖镂空贴金青铜甲〗

嶙嶙胸甲，确确战器。
血火风骨，浪漫魂意。
青铜黄金绿松石，
锤锻透雕动物题。
猛虎十四，擒握双蛇，
螭龙十八，结侣相匹。
玲珑剔透，打破窒闷之形。
纹饰繁密，阻挡剑戈之利。
对称由自然，
刚虫逸神气。
系附征衣有明据，
两副扣纽四穿鼻。
挂向胸前夸胆烈，
明明赫赫壮威仪。
激扬，逐鹿丛林的壮丽，
澎湃，生寄死归的洒逸。

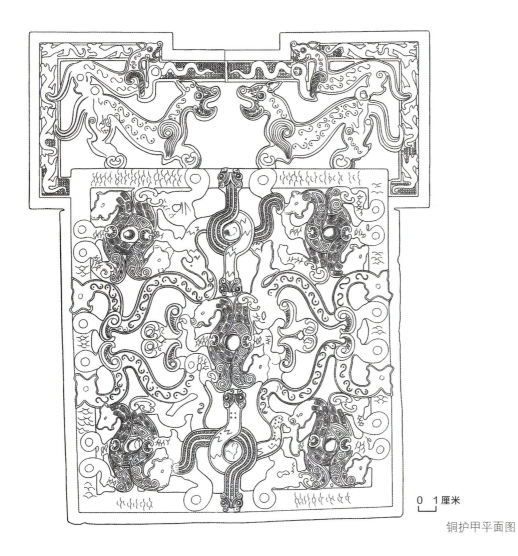

0  1厘米

铜护甲平面图

清理铜护甲

## 铜护甲复原图

5-7

## 陶盖豆

泥质灰陶。盖顶有喇叭状
捉手。豆盘子口内敛，深腹，
高柄束腰，喇叭形底座较平。
器盖磨光。腹部一周凸棱纹。
M53 出土。
口径 20.2、通高 30.2 厘米。

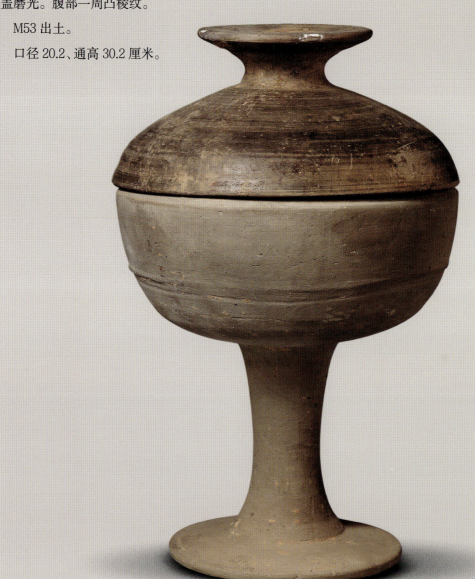

## 铜敦

青铜质，铸镶红铜纹饰。盖、身扣合成卵形。盖母口，器身子口，盖与身各凸出五环形纽。盖顶饰涡纹，外延勾云纹、龙纹、龙及变形鸟纹各一周。器底饰四龙纹，外延勾云纹、龙及鸟纹各一周。纹饰环带及各单元之间由纵横对三角纹分隔。出土时内盛肉羹。

M53 出土。

通高 21.1 厘米。

全貌能看 一扫玩转

【红铜铸镶青铜敦】

迷你椭圆翠西瓜，
长满七层绿纹花。
子母口 滴水不漏，
纽耳足 十环劲拔。

涡旋和云卷 法象天然；
幻象与鸟兽 灵气腾达。
铜绣之珍品，
技艺犹堪夸。

假以美名曰铜敦，
祭祀宴飨展风华。
春秋之中始代簠，
战国晚期见端涯。

鼎肉壶酒此中何？
黍稷稻粱素馔嘉。
文化交融添姿采，
礼器组合一奇葩。

遥想初脱范，
银光甚清佳。
焕若星球出河汉，
铸镶紫铜锁金霞。

年流沉厚重，
远韵绕百匝。
半腹羹汤不拘常，
兴味更催发。

0        50 厘米

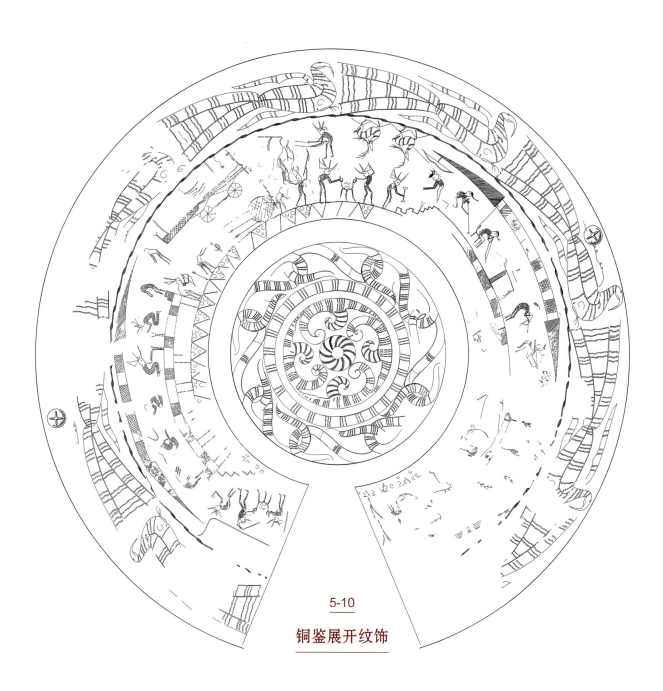

5-10

铜鉴展开纹饰

【射礼画像青铜鉴】

叮叮铜锻，关关纽环，
容水泓泓，照我玉颜
壁薄春冰，纹游丝线，
邈古射礼，剪影透现

驮彼夔凤，翩翩横天，
潜波腾蛇，汕汕涡漩，
田车罗网，锋戈羽箭，
行狩于林，肥鹿烝然

台榭公室，既轮且奂，
以御宾客，鼎肉芳鲜，
艺出吴越，秦晋流传，
融融泄泄，于万斯年

## 铜匜

椭圆形。敛口，鼓腹，平底，流上翘，对侧腹部有一环纽。

M53 出土。

口长径 21.2、短径 16.4、通高 7 厘米。

5-12

## 铜鉴

敛口，弧腹，平底。近口处腹壁对称双套环形纽。内壁线刻纹饰。底为环状涡纹和动物纹。腹壁纹饰分三层，上层为凤鸟纹，中层为狩猎、宴饮场景，下层为连三角纹。

M53 出土。

口径 40、通高 15.3 厘米。

## 5-13

### 铜戈

直内有胡，阑侧三竖穿，内上一横穿，援部微上翘，中部隆脊，援、胡均有刃，前锋尖利。

M53 出土。

阑高 10.8 厘米。

## 5-14

### 铜镦

与铜戈（5-13）为一套。器身浮雕一鸟似鹰隼，昂首蹲立，利爪紧扣凸棱。瞠目，尖喙，饰翎羽纹。銎部饰卷云纹，固柲穿孔近銎口，鸟首下部对面为一兽首。

M53 出土。

长 10.6 厘米。

全貌能看 一扫玩转

5-15

**铜戈**

直内有胡，阑侧三竖穿，内上一横穿，援部微上翘，中部隆脊，援、胡均有刃，前锋尖利。内两面饰错金鸟纹。

M53 出土。

阑高 9.7 厘米。

5-16

**铜镦**

与铜戈（5-15）为一套。上大下小，断面八棱形。凸棱及鐏部断面呈杏仁形，固柲穿孔近凸棱。通体错金卷云纹。

M53 出土。

长 11.3 厘米。

5-17

## 青铜剑

　　无首无格。剑茎扁平，直肩，剑身棱脊。残木鞘外侧有金丝圈六组 12 个。

　　M53 出土。

　　通长 37 厘米。

5-18

## 青铜剑

　　有首有格。圆首，柱茎，"一"字格皆为铜质，饰错金卷云纹。剑身铁质，棱脊。

　　M53 出土。

　　连鞘通长 48.9 厘米。

## 5-19

### 玉瑗

白色泛青，不透明。断面呈棱状。两面浮雕卷云纹。

M53 出土。

外径 6.25 厘米。

## 5-20

### 玉璜

青玉质，质地细腻，素面。两端琢成虎头形。璜体中部靠背一圆穿。

M53 出土。

长 8.8 厘米。

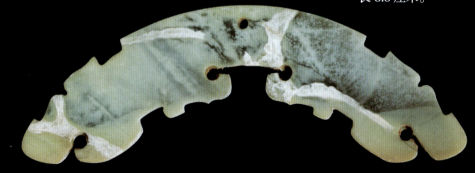

## 5-21

### 玛瑙瑗

乳浊色，半透明，局
部有黄斑。断面呈九棱形。

M53 出土。

外径 5.05 厘米。

## 5-22

### 水晶吊坠

1组，2件。上为圆饼饰物，
内有"Y"形穿孔。下为橄榄
珠状饰物，中有穿孔。

M53 出土。

直径 2.45（上）、长 1.45
厘米（下）。

5-23
虎形玉珮

青玉，半透明。虎形，
作蹲卧回首状，雕饰简略。
上部及尾部各有一穿。
M53 出土。
长 5.45 厘米。

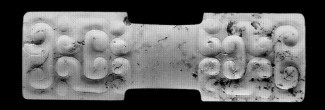

5-24
长条形骨饰件

骨质。长条形，中部束
腰，正面两端浅浮雕卷云纹。
M53 出土。

## 6

## M2

竖穴土坑积石墓，周围及顶部积石。盗扰严重。葬具一棺一椁，不见人骨。棺椁内随葬有弹簧式金耳环、圆形金箔片、玛瑙、水晶、绿松石饰物，不见兵器。墓底有长方形腰坑，随葬鼎、豆、瓠壶、甗、铜、勺等青铜器。

墓圹底部东西长 3.2、南北宽 2.3、残深 5.6 米。

M2 腰坑

## 铜鼎

盖中部圆角方形纽，周缘三鸟形纽。鼎身子口内敛，折沿，尖唇，鼓腹，圜底，三兽面蹄形足。盖及鼎身饰蟠螭纹，腹中部一周凸棱上饰卷云、菱格纹。

M2 出土。

口径 17.5、通高 23 厘米。

## 铜甗

上甑口微内敛，平沿，附耳，箅底，圈足。饰蟠螭纹，中部一周绹索纹。下鼎口部盘形外侈，短颈，附耳，鼓腹，小圜底，三兽面尖状足。腹部两周凸棱。表面有烟熏痕迹。

M2 出土。

通高 41 厘米。

6-3

## 铜豆

覆钵形盖，喇叭形捉手。豆盘微侈，平沿、短颈，深腹，圜底。腹部环形附耳。豆柄高细束腰，喇叭形圈足底座。盖捉手内凹，底饰龙纹。盖、身饰有菱格乳钉纹、蟠螭纹、蕉叶纹、弦纹、绚索纹等。

M2 出土。

通高 26.7 厘米。

全貌能看 一扫玩转

铜盖豆器盖捉手底部细节

## 6-5

## 瓠壶

鸷鸟形器盖作子口。下喙固定，上喙可开合，双爪各抓一蛇。壶身倾斜，口微外侈，鼓腹，平底，底缘铸绚索纹一周略成矮圈足。有链条连接鸟盖与腹部錾手。壶身饰有蕉叶纹、蟠虺纹等。

M2 出土。

通高 31.5 厘米。

全貌能看　一扫玩转

【鸟盖瓠壶】

大肚能容艺道精，瓠壶名号表奇形。
葫芦弯颈挺胸傲，鸷鸟抓蛇仰首鸣。
鋬手链环抚背扣，带纹蟠虺绕身生。
东周兴时北方系，玄酒奉祭天鸡星。

## 6-7

### 金耳环

　　圆形细金条盘绕成弹簧
状，两端稍尖呈锥形。盘成
七圈。

　　M2 出土。

　　丝盘径 3.2—3.3 厘米。

## 6-8

### 金箔片

　　圆形或椭圆形，周边
向下弯折。

　　M2 出土。

　　直径2.8—3、下折约0.2
厘米。

6-9

虎形玉佩

白色闪青，不透明。
虎头向下，尾部向上回卷。
背中部一圆穿。
M2 出土。
长 8.4 厘米。

6-10

玛瑙觿

乳白色。整体呈"S"形，
顶端平齐，下端尖锐，中
部有圆形穿孔。
M2 出土。
长 6.0 厘米。

6-11

串饰

　　由 74 枚绿松石扁椭圆形
珠串成。
　　M2 出土。
　　单珠长 0.7—1.3 厘米。

6-12

串挑

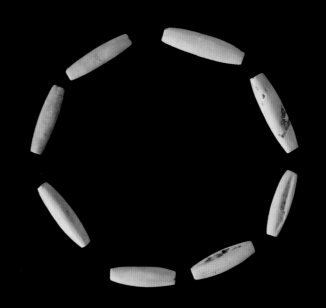

　　八枚绿松石管串成。管
整体呈纺锤状，两端平，中
间外鼓。
　　M2 出土。
　　单管长 2.2—2.7 厘米。

## 玛瑙珠、管

红色玛瑙。头饰内构件。珠呈算盘珠形。管呈纺锤状,有的中部凸起较高如竹节。

M2 出土。

珠径 0.5 厘米,管长 0.95—4 厘米。

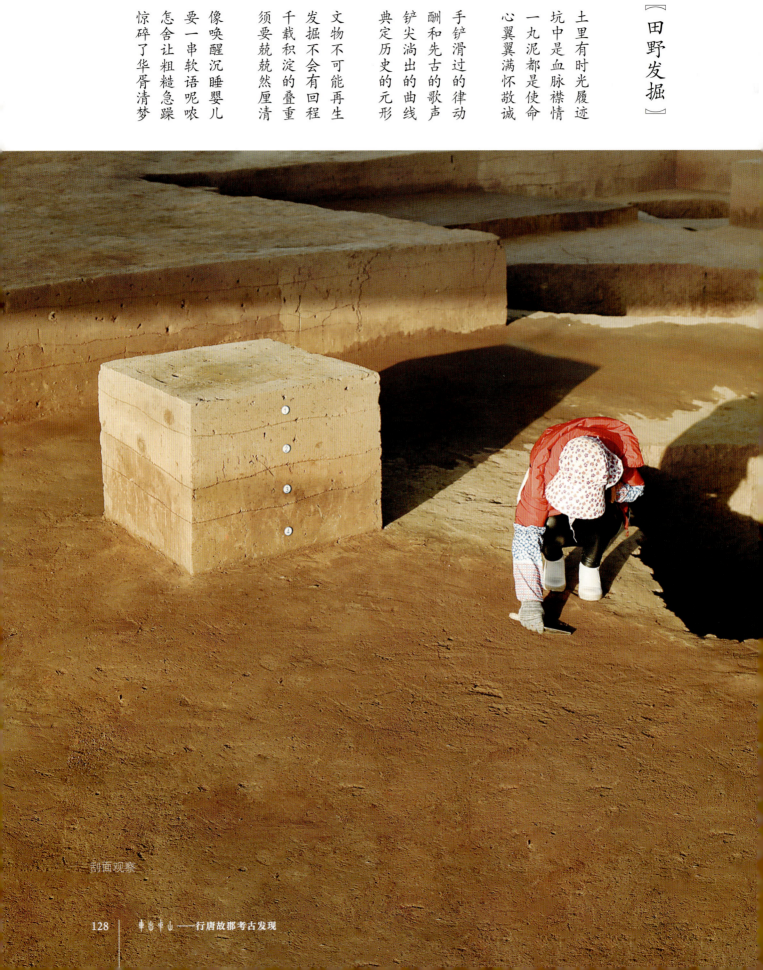

【田野发掘】

土里有时光履迹
坑中是血脉襟情
一丸泥都是使命
心翼翼满怀敬诚

手铲滑过的律动
酬和先古的歌声
铲尖淌出的曲线
典定历史的元形

文物不可能再生
发掘不会有回程
千载积淀的叠重
须要兢兢然厘清

像唤醒沉睡婴儿
要一串软语呢哝
怎舍让粗糙急躁
惊碎了华胥清梦

刮面观察

# 7
## 其他

### 7-1
### 铜鍑

口沿略残。敛口,垂腹,最大腹径靠下。豆柄形足,束腰,底外撇。上腹纵向半圆环附耳。

故郡遗址采集。

通高 7.5 厘米。

### 7-2
### 铜鍑

口沿残。上腹较直,下腹弧形内收。豆柄形足,束腰,底外撇。口沿立长方形双耳。

故郡遗址采集。

通高 7 厘米。

## 7-3

## 铜敦

　　器身椭圆形，侈口，圆唇，小折肩，深腹，圜底，三蹄形足。器身饰蟠虺乳钉纹、弦纹及蝉纹。器盖周缘三环形纽，盖面饰蟠虺乳钉纹、菱格纹、绚索纹及动物纹。盖顶绚索纹中间动物 7 只，中间为蛙形动物；其外双蛇，分咬蛙右前腿、左后腿；最外四龙，两龙正面，咬住蛇身，两龙侧面，咬住前面两龙臀部。

　　故郡遗址采集。

　　口长径 12.3、短径 10.8、通高 13 厘米。

7-4
———
铜敦盖顶细部

## 7-5

## 当卢

　　当面贴金弦纹隔为内外两区，内区镂空透雕贴金龙纹两条，一饰卷云纹，一饰鳞纹，镶嵌有绿松石，外区镂空透雕龙纹28条。当卢外缘突出四兽面衔环，环上套接活动方穿，前端为鸟形首。

　　M5出土。

　　当面直径8.5厘米。

7-6

当卢局部细节

# 战国中期

## 1
## 水井

　　60余眼。井口平面有长方形和圆形两种。圆形井分无井圈和陶井圈两类。长方形水井分为无井圈、陶井圈、木井圈和石井圈四类。水井深度一般均在6米以上，穿凿至底部河流砂石沉积层，井壁多已坍塌。部分水井可能是夏天存放食物的"凌阴"或祭祀坑之类。

发掘水井 J37

## 陶井圈

泥质灰陶。由四块陶圈围成大的井圈，呈圆筒状。陶圈内、外壁饰斜向绳纹。

J30 出土。

高 50、外径约 150 厘米。

# 〖修复陶器〗

片片其陶，采于土泥。
盆甄瓮鬲，鱼鳞杂袭。

污漫洗涤，勿躁勿急。
烟炱粥羹，细辨余迹。

谨察纹络，擘肌分理。
提取痕影，纤介不遗。

表面微尘，软刷拂之。
岔口泥垢，清水涤之。

口沿酥碱，黏胶粘之。
腹底阙隙，石膏补之。

程序繁兮，积木难企。
复原困兮，几分天机。

一器既成，分期排比。
路脉丝桁，文明厘析。

乐只淑女，窈窕惟一。
悠悠缓兮，维恒维毅。

兢兢力求，纯纯悦喜。
谁谓劳苦，其甘如饴。

修复陶瓷

**1-4**

**陶罐**

　　泥质灰陶。侈口，沿下折，高领，鼓腹，平底。唇面一周凹槽。通身饰绳纹、弦纹。

　　J7 出土。

　　口径 13、通高 23.2 厘米。

**1-5**

**陶罐**

　　泥质灰陶。侈口，沿下折，高领，鼓腹，平底。肩部饰弦纹，腹下部绳纹。

　　J19 出土。

　　口径 13.9、通高 23.2 厘米。

## 1-6

### 陶罐

　　口沿残。高领，鼓腹，平底。肩部一周弦纹，腹下部绳纹。肩部自右至左刻"邑、刃、丘、城"四字，当为中山国文字系统。

　　J19 出土。

　　残高 37.2 厘米。

## 1-7

### 陶罐

　　泥质灰陶。侈口，沿下折，高领，鼓腹，平底。通身饰绳纹、弦纹。

　　J37 出土。

　　口径 13.5、通高 24.6 厘米。

## 1-8

### 陶罐

　　泥质灰陶。直口，平沿，广肩，上腹外鼓，下腹斜内收，平底。器表磨光旋纹。口沿对称双系孔。

　　J40 出土。

　　口径 12.8、通高 16.0 厘米。

1-9

**陶豆**

陶泥质灰陶。子口内敛，深腹，柄较短，喇叭形底座较平。

J42 出土。

口径 14.5、通高 17 厘米。

1-10

**陶尊**

泥质灰陶，敞口，平沿，方唇，颈下内收，折肩折腹，假圈足。

J1 出土。

口径 16.6、通高 20.4 厘米。

## 1-11

## 陶盆

　　泥质褐陶。敞口，平沿，深腹，圜底。沿面内侧凹弦纹一周纹。腹饰绳纹。

　　J12 出土。

　　口径 26.3、通高 13.5 厘米。

## 1-12

## 瓦当

　　夹砂灰陶。半瓦当，当面饰云纹。后带残筒瓦。

　　J1 出土。

　　底宽 14 厘米。

1-13

## 陶釜

夹砂红褐陶。盘形口，小平沿，深弧腹，圜底。口沿以下饰绳纹。下腹有烟熏痕。
J37 出土。

口径 24.7、通高 24.5 厘米。

## 1-14

### 筒瓦

前带瓦舌。瓦背施绳
纹，瓦舌及瓦前端不施纹
饰。瓦内麻点纹。

J1 出土。

通长 43.8 厘米。

## 2

### 陶豆

泥质灰陶。口微敛，平沿，
深腹，短柄，喇叭形底座。

西区 M9 出土。

口径 17.7、通高 9.3 厘米。

## 3

### 陶豆

泥质灰陶。敞口，圆唇，
折腹，细高柄，喇叭形底座较大。
西区 M9 出土。
口径 14.2、通高 18 厘米。

## 4

### 陶豆

泥质灰陶，黑皮磨光。盖顶中心凸起。豆盘子口，腹部一周凹弦纹，短柄下部粗大，喇叭形底座。

西区 M9 出土。

口径 19.8、通高 21.2 厘米。

## 5

### 陶鼎

泥质灰陶，黑皮磨光。盖顶中心凸起。鼎子口，附耳，深腹下垂，圜底，三蹄形足。腹部一周凸棱。

西区 M9 出土。

通高 20 厘米。

## 6

## 陶壶

泥质灰陶，黑皮磨光。盖子口，呈斗笠状。壶敞口，溜肩，鼓腹，圜底，假圈足较矮，器表饰水波纹、弦纹等暗纹。

西区 M9 出土。

通高 31.6 厘米。

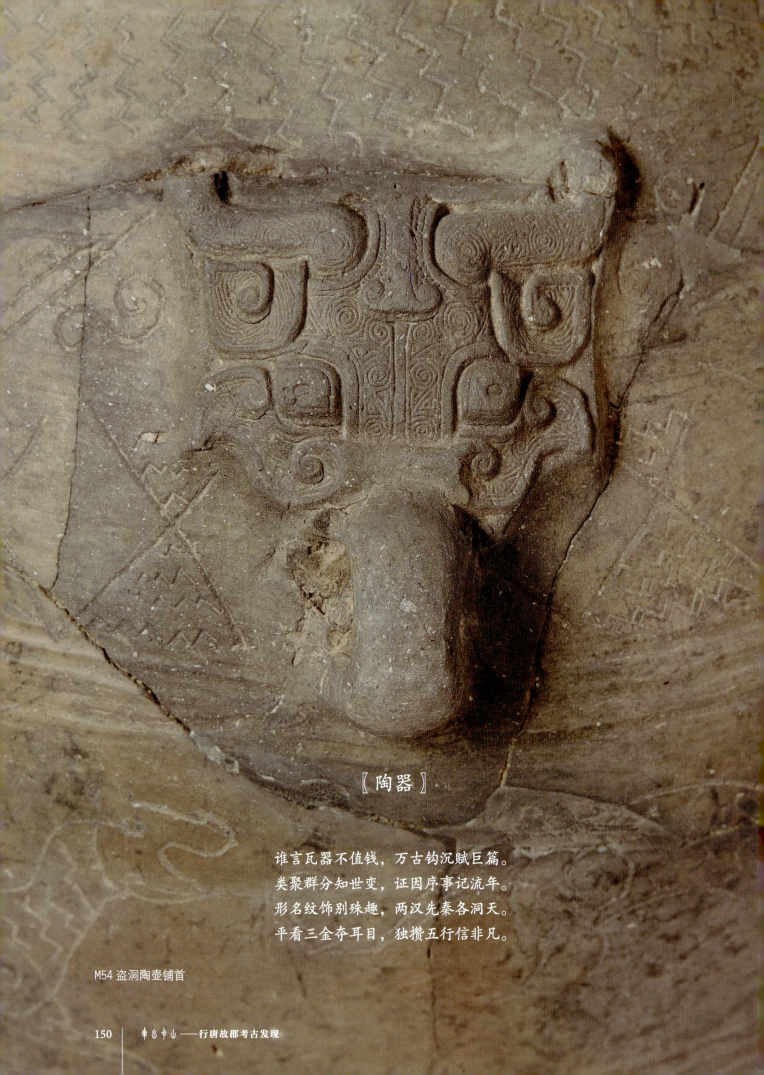

〖陶器〗

谁言瓦器不值钱，万古钩沉赋巨篇。
类聚群分知世变，证因序事记流年。
形名纹饰别殊趣，两汉先秦各洞天。
平看三金夺耳目，独攒五行信非凡。

M54 盗洞陶壶铺首

## 7

## 陶壶

泥质灰陶。器表磨光。盖中部一环纽。壶母口外侈，肩部对称铺兽衔环，鼓腹，圈足。通身饰有龙虎纹、几何纹、水波纹等。

M54 盗洞出土。

口径 12、通高 39.5 厘米。

陶壶腹部纹饰展开图

## 8
### 灰坑

　　600余座。开口形状分为圆形、椭圆形和不规则形三种，直壁或斜壁，平底或圜底，壁面未见加工痕迹。个别灰坑有瘗埋人骨现象。

## 陶豆

泥质灰陶。敞口，斜腹内收，豆柄较矮，喇叭形底座。

H83 出土。

口径 15.6、通高 10.5 厘米。

## 陶盆

夹砂灰陶。口微敛，平沿，深腹，圜底，饰绳纹。

H329 出土。

口径 16、通高 13.1 厘米。

## 9

### 陶窑

Y2，仅存窑床底及操作坑。窑床呈不规则圆形，直径1.2米，上有七个圆角长方形火眼。操作坑位于窑床东部，南北长1.84、东西宽2.24、深1米，坑壁逐渐内收呈台阶状。

〖 陶窑 〗

金刀伐来生火木，
黄土揉捏盛水釜。
烧烧烧　浇浇浇，
红灰都赖铁元素。

氧化火焰无灌注，
红陶酥软省速度。
水淋还原济纯熟，
灰陶耐久费功夫。

熟泥柔软冶煅骨，
成器棒硬抗烹煮。
灰黑变色漉熏捂，
生克分合有理数。

人生酸辣咸甜苦，
难逃金木水火土。
成败异同得与失，
弄它一窑全清楚。

10

布币

铜质。铲形，平首，平肩或耸肩，平裆，尖足或平足。面文可辨"武安""平阳"等。

故郡遗址④层出土。

分别长 5.6、4.6、4.4 厘米。

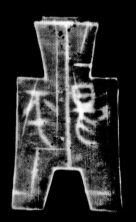

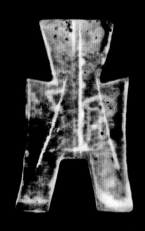

11

刀币

　　刀首较平直，刀身刀柄稍折。刀面外缘隆起，柄部面背均有两道脊线深入刀身。面文可辨"明"字。

　　故郡遗址④层出土。

　　长 13.7—14 厘米。

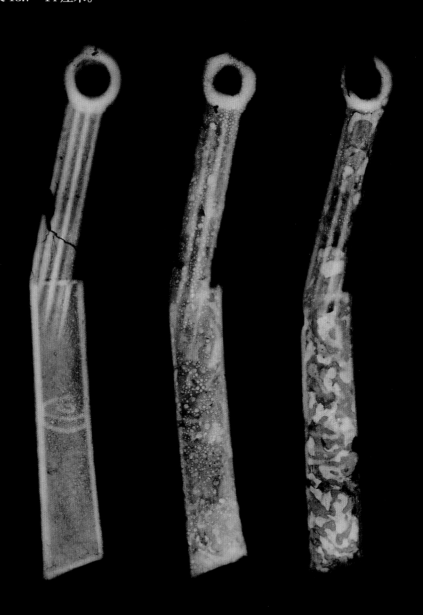

战国铜戈复制展示

# 两汉时期

## 1

### 陶罐

泥质灰陶。侈口，圆唇，
垂腹，急剧内收呈小圆底。
器底饰交错绳纹。

西区 M11 出土。

口径 12.4、通高 18 厘米。

## 2

### 陶盆

夹云母红陶。口微侈，上
斜沿，圆唇，深腹较直，平底。
上腹一周凹弦纹，下腹饰绳纹。

西区 M4 出土。

口径 24.7、通高 11.4 厘米。

3
___
**陶罐**

　　夹蚌红褐陶。器身椭圆。
侈口，平沿，鼓腹，小平底。
下腹及底饰绳纹。
　　西区 M4 出土。
　　口长径 24.6 短径 22.4 厘米。

4
___
**陶罐**

　　夹蚌灰陶。侈口，下斜沿，
鼓腹，圜底。底部饰绳纹。
　　西区 M7 出土。
　　口径 19.8、通高 32.3 厘米。

## 陶罐

泥质灰陶，侈口，圆唇，广肩，鼓腹，腹下部内收较急，圜底。底饰绳纹。

西区 M7 出土。

口径19.8、通高28.5厘米。

## 陶罐

泥质灰陶，侈口，圆唇，鼓腹，平底略内凹。上腹饰暗弦纹，下腹及底饰绳纹。

西区 M7 出土。

口径19.5、通高29厘米。

故郡遗址探方发掘（上为北）

# 北朝时期

## 1
### 陶碗

泥质红陶。敞口，圆唇，深腹，圜底，饼形足内凹。内外施黑彩，多脱落。

M90 出土。

口径 12.5、通高 7 厘米。

## 2
### 陶钵

夹云母红陶。敛口。平沿，腹微鼓，平底。

M32 出土。

口径 16.8、通高 7 厘米。

**3**

## 陶钵

夹云母红陶。口微敛,
圆唇,斜直腹,平底。

M73 出土。

口径 15.3、通高 7.7 厘米。

**4**

## 陶罐

泥质红陶。直口,平沿,
大广肩,鼓腹,小平底,最
大径在腹上部。

M69 出土。

口径 10.5、通高 20.7 厘米。

## 5

## 陶罐

夹云母红陶。直口，圆唇，溜肩，鼓腹，平底。口部两个圆形穿孔，肩部饰两周戳印纹。

M32 出土。

口径 6、通高 10.2 厘米。

# 唐宋金元

故郡遗址中区，东西200米区域第③层，遍布东南—西北走向的车辙，范围原应更宽，因取土而有所破坏。村东大沙河宽阔，村南曲河当年水势不小，南桥、北桥、西桥三村清代均以曲河为名。故郡向东向南，因双河阻隔，道路须向西向北绕行。太行山东麓自古便有南北通道，唐代已有的著名的"五台山进香道"经附近通往山西。故郡车辙通向北方，应与之有关。

## 〖木兰花慢·车辙〗

车辙如瑟弦，向何处，去悠悠？是曲河南横，稻花水田，截断路头？是沙河、宽右岸，但沧波、浩浩阻东游？本适良田千顷，云何阔道惊眸？

慢拨轨迹问根由，宋元雨烟稠。听风吟唧啾，袅袅如诉，马啸牛哞。应记轮卷漠雪，客衣襟、五台信香柔。桑海何足永叹，世情长付东流。

宋元时期车辙（第③层）

## 1

### 铜钱

钱文"开元通宝"　　　　钱文"景德元宝"　　　　钱文"元丰通宝"
西区 M1 出土　　　　　西区 M1 出土　　　　　西区 M1 出土

钱文"元祐通宝"　　　　钱文"正隆元宝"　　　　钱文"大定通宝"
西区 M6 出土　　　　　西区 M6 出土　　　　　西区 M6 出土

## 2

### 瓷灯

敞口，厚圆唇，斜直腹，矮圈足。一侧呈笔架状高出口沿，上有六道凹槽可放灯芯。缸胎，除器底外通身酱釉。

西区 M1 出土。

口径 10.1、通高 5.4 厘米。

3

## 瓷罐

直口，鼓腹，圈足。腹一侧有一圆形印痕。白色缸胎，黑釉，口沿、下腹及底不施釉。

西区 M1 出土。

口径 9.7、通高 12.2 厘米。

4

## 瓷罐

大口，圆唇，深腹略鼓，圈足。酱红色缸胎。外青釉，下腹及底不施釉。

西区 M2 出土。

口径 10、通高 13.7 厘米。

联合国地名专家组授予行唐的"千年古县"铭牌

吐字铿锵,
那是四千年的时空浮响。
尧王踏尘去,
飞名南行唐。

千载湮轶,
勾起凉意断想。
赵邑新城,
光泽重又擦亮。

魏郡落窭,
思念成殇。
钟灵的水土,
遗珠的落乡。

太行山隘枫笼火,
大沙河湾薯喷香。
北郭春麦绿,
南城秋稻黄。

沃野淳寂蓄远志,
但融新机书鸾章。
考古 继往开来,
故郡 声播八方。

穿梭机高维纵横,
去来今任尔徜徉。
戎狄茔封呈轶事,
千秋邑落洒祥光。

[故郡——一首悠扬的歌]

# 前途可期

如果说行唐是一部煌煌大书，故郡无疑是其中最为精彩的章节。"玉在山而草木润，渊生珠而崖不枯。"岁月悠悠，尧帝德泽恰似朗月清风，早已化融在风土人情，凝结于葳蕤文物。

考古刚起步，收获已不菲。原本陌生的行唐，渐渐让我们感到很不简单。宏大课题由此萌生，它关涉太行东麓青铜文化与戎狄人群华夏化进程。

文化遗存集中分布，遗迹类型复杂多样。随着动植物和金属测定分析、科技手段的全面运用，一个个谜团将次第解开。

车马坑最值得一提。它在河北省本就罕见，至今发现不过数座，而要论保存最佳，故郡车马坑却堪称唯一。五辆驷马车串排的规模和殉人现象，代表了墓主的尊贵，单独的殉牲坑昭示着迥异中原的戎狄作风。

器具装饰疏密俱巧。只消一眼，莫名愉悦便袭上心头，耐人寻味的美感叩击着心扉，仿佛听到古人的心跳之声。南宋大哲人陆九渊有言"人同此心，心同此理"，相通的人性勾起今古共鸣。就像那只奇特的鸟盖瓠壶，萦绕着古人的心念，成为人神沟通的媒介。一壶在手，运转乾坤。孤标独步的工匠精神令人禁不住心神俱醉、赞叹不已。一个凸耳，一道凹痕，一根线条，一抹阴影，都经过苦思冥想，自有来历，自有去向，没有半点生硬和草率，绝无丝毫冗余和模棱。瞬间便可拨动心弦的况味，其实是作器者那份浃髓沦肌的虔诚，盈溢着无限期许。它已超乎功能性的容器，而是民族性格、社会理想、政治理念的具象表达。考古正是通过探微、扩张、提炼，从飘忽的情感烟云中触摸到灵魂真源，由零碎片断的感悟里演绎出系统理念。

因了考古，故郡俨然成了一个最接地气的浪漫之境。此地红尘炼心，俯拾便有诗章。

其实，还原历史画面、感喟繁华寥落，远非考古的渊旨。我们的目的是通过努力，鼓舞众人跳出简单围观，协心同行，引导对故乡文物"知道—了解—喜欢—感奋—爱护"的美丽嬗变，进而汲取营养和自信，使之成为创造力的孵化园。

习近平总书记指出："每一种文明都延续着一个国家和民族的精神血脉，既需要薪火相传、代代守护，更需要与时俱进、勇于创新。"

远离尘嚣的田野，不是写着寂寞和荒凉的驿站。埋藏文物的土壤，也是培育传奇的暖床。虽然发掘面积有限，撷取的只是古人生活的侧面，而随着感受和思考孕育生发，梦便从中铺陈开来，终将攒成一道风景。

　　雁阵冬去春来，是漂泊者与故乡的纽带，萦绕着牵挂和向往；文物守到地老天荒，是穿越时空的信使，带来远祖的消息和久违的问候。仿佛千年等待就是为了彼此相见。她召唤我们在璀璨史河击水三千，在创造力感召下奋勇开拓。

　　哲人之语直击精髓：“政治是骨骼，经济是血肉，文化是灵魂。”故郡考古，给灵魂打开一个透现的窗口。

　　生态旅游大县是时代赋予行唐的新定位。考古遗址公园是个宏伟构想：考古发掘、遗址保护、文物展示，辅以大沙河、曲河等自然景观和花果、药材等特色农林，在远韵流馨的山水田园，呈现中华文化的博大精深。荡漾魅惑的还有，生动映现考古历程——从企盼中走来，在困惑里坚持，诗心津润史笔，汗水带来丰收。让人无限切近发掘现场，触摸时空迁移的脉动，感悟含霜履雪的情怀。

　　沧桑故郡已然槁苏暍醒，大美行唐不是海市蜃楼。剖解土层，从大地深处发掘文化宝藏，弘扬传统文明，不单是一项工作，而是一种事业。甘苦洒落田头，孤独抛向云外，走出利惹名牵，倾注生命全部，使漫涣凝结的气脉在奋发中复活，让爱与美的思索在执着中蓬勃。

　　圣尧过故郡，行唐成美谈。
　　壮心兴祖地，乘风启快船。

〖东周井群〗

西河漫滩迤岸
北郭阔野远山
一畦五十深井
缄藏千古风烟

考古遗址公园东区效果图

〖寻根行唐〗

发掘文物故郡行，田野勤身细考征。
越岭临川亲月色，披霜沐露栉晨风。
遐踪重现昭青史，祖武恢宣抱赤诚。
锦绣鸿篇心坎涌，怀真素韵笔头生。

提取 DNA

鉴定动物

【不如跟我来考古】

远方云桥天地通
只堪入画走不成
吞梅嚼雪如梦泡
水月镜花是幻形

炼钢炼铁熬药性
好戏幕后是苦功
不如跟我来考古
驱身寥廓天地中

触摸光阴的质感
玩味时空的切层
直趋真谛地寻觅
奋激壮图地传承

剪裁风雨织匠心
澄滤红尘凍纯明
千顷麦海歌沧浪
一怀诗绪润平生

故郡遗址中区北部钻探

# 结语

关河当冲锁四方
太行东麓铺走廊
战国盛衰谁枢管
直向中山问苍茫

故郡遗址中区局部发掘航拍

文物资源，
是提升中华文化影响力的金名片，
是跨越时空交往世界的通用语。
延绵不断、多元一体、兼收并蓄，
一统山河、脉脉相通、亲和融懿。
讲述中华文明的渊源和脉络，
卓特故郡一甲地。

发掘并让深蕴展现、转化和发展，
是新时代的使命召唤。
神以知来，知以藏往，
唯有传承，方能弘远。

历史机遇频招手，
云龙凤虎起相酬。
惘待此情成追忆，
何如雄决应天休。

这份祖先馈赠的厚礼，
让思维越过记忆的樊篱，
空蒙的历史雾时灵动鲜活，
文化的璀璨豁然触手可及。

肆意徜徉在万古风情，
望穿我们来时的路。
不为乡愁的抚慰，
不是精神的返祖，
唯想织出凝聚人心的纽带，
壮激福祉延昌的鹏图。

千秋故郡千丈虹（由西北向东南摄）

在广袤北国，古老黄河写下巨大的
"几"字，启步星宿海，挟拥黄土塬，捧
起巍巍太行，铺开华北平原，构建了历史
壮剧的恢宏舞台。"天下之脊"太行山，
横谷深切，沟通东西，东麓冲积扇、南北
贯连，延袤千里。这片滋育文明的沃土，
雄踞冀州中部，嵌在关陇西土、鲁中东夷、
草原朔漠和中原诸夏四大文化圈之间，乃
历史上不同族群碰撞争锋的战场、交流融
合的舞台，造就了一条"文化走廊"。大
山从没阻断民族交往，长河总为文化传播
导航。在春秋战国时代，北方族群、曾经
在这里建立起强悍的中山国，有如一座孤
岛、楔入中原雄国——燕、赵、齐之间，
又似一颗奥妙莫测的九曲珠，闪耀在北方
面向中原的前沿。河北省行唐县南桥镇故
郡村，恰在这个神秘古国的 C 位。

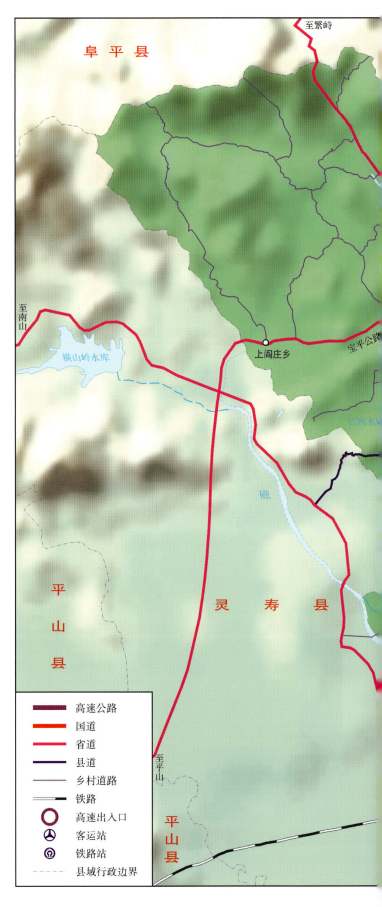

故郡遗址交通水系区位地形图

# 一、考古发现

故郡遗址东邻大沙河，南望曲河，2008—2009 年第三次全国文物普查时发现。2013—2014 年发生盗掘。2015—2020 年，经国家文物局批准，河北省文物考古研究院、中国社会科学院考古研究所、石家庄市文物研究所、行唐县文物保护管理所联合对遗址进行考古调查、勘探与发掘，确定这是一处城址、墓葬、居址共存的大型聚落遗址，周边区域还有故郡村南遗址、河合墓地、北桥东遗址等多处同时期文化遗存。故郡遗址面积超过 100 万平方米，主体年代自春秋晚期延续至战国中期。已勘探近 80 万平方米，发掘 1.2 万平方米。重要考古发现主要有：古城址 1 处，考证为赵国—北魏时期"南行唐"邑（县）治所；勘探、解剖发现大型环壕，或为中山城邑；春秋晚期至战国中期墓葬 70 余座，未见密集的族葬墓群，但存在相对集中的墓组。土坑墓以北向为主，随葬鬲、罐、豆、尊等日用陶器以及少量青铜带钩及剑、镞、戈、镦等兵器，少数有殉牲。积石墓东向或东北向，随葬青铜、玉石、金及陶器等，普遍有殉牲，大型墓葬东侧附葬以沟槽相通的车马—殉牲坑。少数墓葬壁龛、填土、棺上置牲，个别殉人。发掘东周灰坑 600 余座、水井 65 眼、灰沟 30 余条、窑址 6 处、道路 5 条、灶 3 座，出土铜、陶、金、铁、玉石、骨角、蚌器、海贝等珍贵文物 2100 余件（组），陶片 10 万余片，大量人骨、马、牛、羊、猪、狗等动物及植物、古环境标本。另外还有新石器时代遗存 1 处和汉—金元时期墓葬 30 座。西南区域勘探发现不同时期墓葬、灰坑、水井、道路等遗迹 540 余处。故郡遗址东周文化遗存可分三期。第一期为春秋晚期，以土坑墓及出土有陶鬲的水井等遗存为代表；第二期为战国早期，以积石墓及其附葬车马—殉牲坑等遗存为代表；第三期为战国中期，以第④层及其下部分水井、灰坑等遗迹为代表，个别遗存可延续至战国晚期。

# 二、价值意义

故郡遗址在历史、科学、艺术、社会、文化诸多方面都具有独到价值。尤以民族和文化融合的核心价值最为突出。

**学术价值** 北方族群研究是研究世界历史进程不可分割的世界性课

题。以戎狄为代表的北方族群与华夏之间的文化互动，一直是学术界关注的重点。太行山东麓地区，是先秦时期一系列重要古国古部族聚居地、早期南北民族交融的文化走廊，可为早期中国的地方管理体系研究提供关键证据。地处太行山中段、横接高原和海滨、纵连中原与北方的鲜虞—中山国，是目前考古发现与文献记载最为吻合、由戎狄族群建立、曾与燕赵在河冀一带分鼎而治、堪与七雄争衡的强国。其历史几乎绵亘整个春秋战国时代，在北方族群研究方面具有特殊地位，是研究戎狄人群华夏化、中华文明多元一体格局形成的极好示范性个案。鲜虞—中山国的历史和考古学文化大致以"中山桓公"（公元前381年）复国为界，分为前、后两个大的历史阶段。后期阶段（公元前381—前296年）以都城灵寿城及其王陵区的考古发现为代表，其绝对年代相当于战国中期，文化已高度中原化。不仅有面积巨大、规划有序的大型城市和王陵，而且遗址也遍及滹沱河和唐河流域，在保定西部的涞源、唐县、顺平、曲阳还发现长城遗迹和多处城址。前期阶段（约公元前555—前382年），相当于春秋中晚期至战国早期，在满城、唐县、曲阳、新乐、行唐、灵寿、平山等地有零散的墓葬发现，但分布格局、整体文化面貌不清，相关大型城址、聚落考古发掘与研究更是空白。20世纪70年代，战国中山王陵与灵寿城的考古发现，让掩映在历史烟云中的战国"第八雄"中山国偶露峥嵘，引发五十年研究不衰。但因史家"尊王攘夷"而记载寥寥，致使其前期历史研究成为无法突破的瓶颈。故郡遗址是继鲜虞—中山国后期都城平山县灵寿故城及王陵区考古发掘四十年以来，有关鲜虞—中山国最为重要的考古发现。清晰明确的墓葬分布格局、北方积石墓葬俗、北方与华夏式的随葬品、大量使用殉牲、北方习俗"头蹄葬"与华夏礼制车马坑结合的车马—殉牲坑更是填补了空白。故郡遗址既深受华夏系统文化的影响，同时又具有鲜明的北方族群特色，遗存面貌强烈地反映出北方文化与华夏文化的相互交融，是北方族群华夏化进程中的具体映现。对故郡遗址材料进行整理和多学科综合研究，整合周围零散文化遗存，有利于建立和完善鲜虞—中山国考古学文化编年体系，探讨鲜虞与中山关系、族姓关系，梳理白狄东迁路线与早期中山遗存特征，填补北方戎狄族群在东周时期与华夏诸国文化互动研究的薄弱环节，为研究中华民族多元一体格局的形成过程提供内容极其丰富的资料。故郡遗址发现大量人骨、动植物、金属、玉石、骨角、陶器、车马等标本，可开展体质人类学、动植物考古、环境考古、手工业考古、实验室考古等多方面的综合性研究，运用DNA、同位素与食性分析、孢粉分析、$^{14}$C测年、实验室文物处置与保护等众多科技手段开展多学科专项和系统综合性研究，也是力争取得重大突破的重要方面。

**应用价值**　故郡遗址在考古发掘之始，就重视文物保护和文化宣传，基于"嵌入式可逆性文物保护理念"，对于重要遗迹建设保护大棚，建有展厅展示重要标本，与中央电视台合作拍摄纪录片。故郡遗址与中山灵寿城一起，已列入石家庄市文化遗址保护重点项目。故郡遗址的资料整理与研究，有利于加强文化遗产保护与传承，扩展鲜虞—中山国的文化内涵，继而开展文化遗产保护与遗址博物馆和遗址公园建设，改善地区生产与生活环境，增加地方乡土文化与文物旅游产业的效益，取得文化遗存服务民众、惠及民众的独特效果。

**社会意义**　鲜虞—中山国文化和燕、赵文化一样，是河北优秀文化的组成部分，是河北人文精神的重要根脉，在中华文明的发展史上作出了重大贡献。故郡遗址地处鲜虞—中山国地理中心，是有关其早期历史文化的典型代表。开展故郡遗址资料整理与综合研究，有助于弘扬传统文化、坚定文化自信、提高国人文化认同感、增加民族凝聚力。

# 三、发展前景

故郡遗址的研究、保护和利用前景广阔。《行唐故郡遗址保护与展示利用、策划与保护规划工作计划书》已经完成招标，成果转化正在同步推进。《石家庄市行唐县国土空间总体规划（2020—2035 年）》提出行唐县的发展定位为区域生态涵养之区、千年古韵魅力之郡、山水休闲旅游之都、美丽幸福宜居之城，打造京津冀生态涵养支撑区，石家庄美丽后花园，努力成为区域生态文明建设标杆。行唐作为一级地方行政建制，数千年沧桑沉浮，绵延不断，成为全国为数不多的"千年古县"。属于文化记忆型的故郡遗址，文化 IP 塑造潜力巨大。可依托故郡遗址和双河水利，打造集文化、观光、民俗等为一体的文化旅游特色区，进而盘活特色农业，做大做活菊花、大枣、红薯采摘和奶庄体验、乡间度假等休闲产业。发展蓝图把握以下三点。

**凸显主题**　在科技介入和多学科合作基础上，对"传说时代""戎狄行迹""鲜虞部落""赵国故邑""行唐寻根""太和唐郡""文化融合""酋长大宴""抗战地道"、劳动实践等主题深入拓展。

**时代要求** 人类文明经历了三个阶段：第一阶段约在石器时代，是采集渔猎的原始文明，为时上百万年；第二阶段，以农业为核心的"黄色文明"，为时一万年；第三阶段，以工业为基础的"黑色文明"，为时三百年。接下来，生态文明发展模式，是一个必然实现的中国梦。习近平总书记强调牢固树立绿水青山就是金山银山的理念，努力打造青山常在、绿水长流、空气常新的美丽中国。这为故郡发展指明了方向。

**融合发展** 构建生态文明是全国新时代潮流，而独一份的考古内涵成为故郡得天独厚的胜出条件。从历史文物中汲取营养，激发人们灵感共鸣。充分挖掘万物同质性，让人感到生活的美好、感悟生命的意义。从辛勤工作中感染那种艰苦奋斗的精神，积极乐观的情怀。在文化传承中，实现道德情操、学术思想、文学艺术、科学技术的飞跃和提升。让文化为高端农业的翅膀插上有力而鲜丽的羽毛。以物见史，只是初级意义，启迪智慧也并非结局，文物还是家国情怀的增氧剂。我们不能否认，人们对乡村还存在着二元割裂的认知，它是都市游人的诗乡，却也是原住居民的弃地。故郡，有着良好的乡村肌理，未经历大规模工业化开发，保留着较高的森林覆盖率，依托京港澳和京昆高速公路一小时可达石家庄，是发展全域旅游的绝佳载体。依托春秋战国历史遗存打造成为唯一性产品的旅游资源，成为战国文化旅游的天然本底和恢宏的视觉吸引物。整合故郡山水生态底色、文化故事，基于考古这一核心，形成考古、文化、研学、生态经济、旅游等全向度多元发展的文物工作"万向轮模式"[1]。将历史主题、农牧基地、田园风光融合为一，打造如同菠萝、桑葚果实形态一般的"聚花果"式综合体。让乡村成为创业的乐土，让城与乡从二元割裂到走向融合的诗与远方。

**注释：**

【1】"万向轮模式"：考古发展涉及的学科越来越多，可谓无所不包。注重科技介入、多学科合作、深挖内涵、广拓外延、可持续发展。不但在遗存类别上搞好展览，还要从社会、历史角度，进而延展到农业、环境等更多层面，包括美学、民族学等方面来策划。基于考古这一核心，实现考古（archaeology）、文化（culture）、研学（research and study）、生态经济（eco-economy）、旅游（tourism）等全向度发展。其关键词的英文首字母共同组成英文单词"caster"，意为"万向轮"——装在物体下面、可360°旋转的轮子。这种装置，具有简单、实用、灵活、高效、可运载物体以任何角度自由行进的特性，恰与考古带动多维发展的理念十分契合。我们在此暂以"万向轮模式"命名这种考古工作模式。

探方发掘

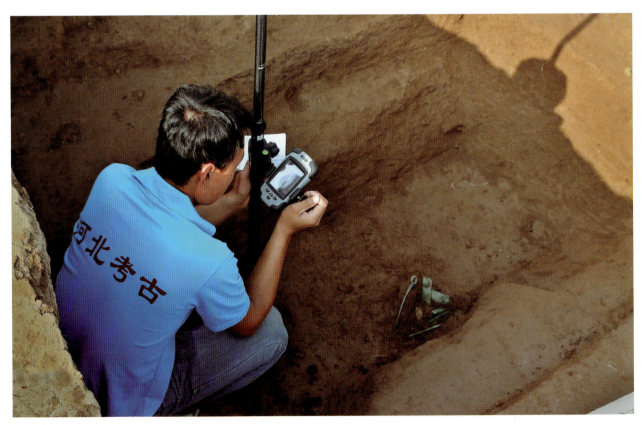

RTK 测量

車出中山——行唐故郡考古发现

室内发掘

X 光拍摄

动物考古

金属探测

殉牲坑发掘

超景深视频显微镜形貌分析

合金测量

应力测量

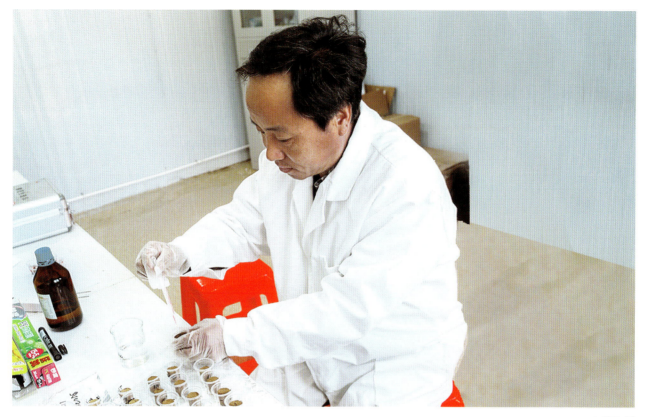

土样检测

色差检测

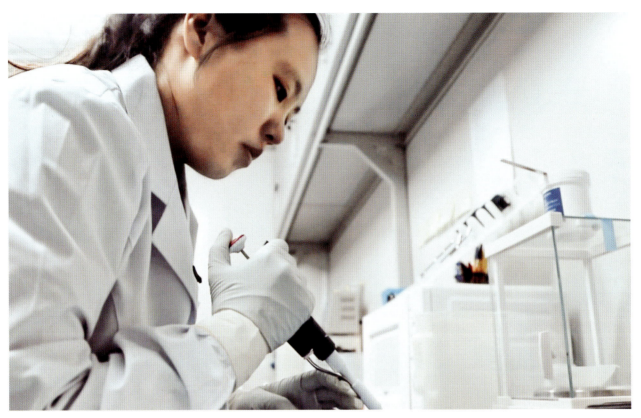

DNA 检测

同位素检测

电子绘图

2019年考古夏令营营员与考古队员合影

胡　月　徐子贤

王永亮　冷雨亭　冯爱蕊　方勤

杨文胜　王辉　闫炜　敦盾

刘延常　李志鹏　常怀颖　贾连敏

樊温泉　刘建国　徐良高　徐中玲

孙勐　姚崇新　乔登云　李耀光

范博　周海峰　孙海涛　乔梁

郑屹君　韩金秋　谢尧亭　刘绪

王一凡　张献忠　吉琨璋　王巍

段雪建　赵志军　王占奎　田志

赵星　雷兴山　毛保中　李伯谦

霍利平　梁宏刚　张春长　靳枫毅

蒋增辉　王晓毅　刘文锁　张文瑞

白彦磊　陈建立　李政　赵福生

来沙特　张晓峥　刘爽　陈星灿

齐彦权　齐瑞普　田红贤　杨建华

王晓华　魏曙光　田红娟　任亚珊

柴立卫　柴佳佳　田小连　游慧琴

贾会　王忠刚

2017 年 6 月发掘现场工作会合影

后记

　　故郡遗址入选 2017 年中国六大考古新发现。时空内涵与鲜虞—中山国密切关联，既有慕效中原的进取，又有难以割舍的乡愁，生动映现了北方戎狄族群华夏化进程。手铲翼翼滑行，遗迹离离重现。陶片、骨笄、玉珠、炭屑，是真草隶篆的文字；城墙、房址、墓葬、窑炉，乃画风不同的插图。品味流年暗度，追回远逝光阴。金玉铜贝，车马牛羊，中原风物，迤北故情……神秘古国的壮阔图景，一幕一幕铺展开来。诸多方面刷新认知，直线布列的"积石墓—车马坑—殉牲坑"尤为独特，金漆华车、盛装宝马以及单坑数以百计的马、牛、羊头蹄，是先秦车马殉牲制度的珍稀标本，使华夏文化更加丰富多彩。

　　从遗址位置和遗迹层位学、墓葬和器物类型学分析，故郡遗址属东周时代鲜虞—中山国。民族文化融合是故郡遗址的核心价值，而车马坑乃是凸显这一价值最为耀眼的明珠。

　　十余座车马坑集于一地，在河北考古史上还是第一次；完整的一字阵列并瘗埋人骨和动物头蹄的车马—殉牲坑，全中国仅此一例；漆彩贴金、豪奢气派的车型，在战国时代卓尔不群；葳蕤生光的车马，出现在神秘的鲜虞—中山国腹地，拨亮一段迷离惝恍的璀璨时光，更平添一份瑰异况味。

　　化作泥土的漆木古车，已然在匠师手中奇迹般地返本还原，人马羊犬的骨骼亦将通过形态学、古 DNA 和同位素分析，重新血肉丰满。他们将携手讲述，穿越时空的故事：墓主何人？马属何种？何时来此？让许多学者梦寐以求的北方族群，正从两千四百年的历史烟云里缓缓走来。

谁曾椅鹿太行东，长车遥遥向中原。故郡车马是研究当时社会制度、文化风俗和工艺水平的优良标本，它与其他遗迹一起提供了探索北方与中原互动的典型范例。鲜虞—中山国成长阶段的勃勃生机，争衡天下的万丈雄心，以及众多学人精益求精，运用多学科探究出的隐性知识和人文素养，绽放天然生力，不但成就考古巨匠、缱绻文学情缘，由此激发的灵感火花将成为生态文化蓬勃发展的启辉器。

沉厚智慧，引燃创意火种；雄古气息，滋润鹍翔心灵。考古搭起了时空梯栈，故郡将成为奇迹的摇篮。工作的重大进展，离不开众多人员戮力同心的支持和付出。

项目负责人由河北省文物考古研究院张春长担任。张春长、齐瑞普、闫炜主编并执笔。参加发掘的人员有河北省文物考古研究院齐瑞普、李燊、魏曙光、张春长，中国社会科学院考古研究所常怀颖，行唐县文物保护管理所闫炜，邯郸市文物研究所刘爽。中国社会科学院考古研究所刘建国、王明辉、刘煜、李志鹏、赵欣、王辉、陈相龙、钟华和访问学者菊地大树多次到工地现场参与三维测绘、样本提取鉴定和科技检测等工作；李存信、刘勇、侯玉林、唐小红、周琪、姚兰、龚欣等对二号车马坑进行了异地迁移保护和实验室考古工作。北京大学考古文博学院胡东波对出土铜器进行了 X 射线拍摄，余雯晶对车马坑马辔装饰进行了 1:1 绘制。河北省文物保护中心雷金铭对青铜器进行了修复及保护。中国社会科学院研究生院考古系、中央民族大学民族学与社会学学院、中山大学人类学系、河北师范大学历史文化学院、山西大学、内蒙古大学等师生参加了工地发掘实习。河南省文物考古研究院新郑工作站技师游慧琴、王聚兴、蔡留印参加了车马坑的发掘。照片由故郡考古队拍摄。白狄东迁趋向图和东周时期白狄族团图参考了广西师范大学出版社出版的段连勤先生所著《北狄与中山国》；南行唐北界碑摩崖刻石的照片和拓片，采自《艺术品》2020 年第 5 期刊登的张驰先生所撰《汉"冀州常山南行唐北界碑"考》。《中山国区位示意图》参考了谭其骧主编的《中国历史地图集》。《故郡遗址交通水系区位地形图》参考了行唐县人民政府 2020 年 8 月编制的《石家庄市行唐县国土空间总体规划（2020—2035 年）》。数字化内容由石家庄铁道大学王晓芬制作。参加工作的还有河北省文物考古研究院的技师王忠刚、王永亮、柴佳佳、韩梦琳、柴新卫等。

故郡遗址双虹飞

　　石家庄市和行唐县人民政府对故郡考古和文物保护工作投入大量资金，特别感谢中共行唐县委、县政府的全方位支持，县委书记杨立中同志不下百次考察工地，对安防、物防及周边环境、道路、电力设施、发展方向等高效调度和安排，使发掘工作得以顺利进行，那种对历史文化的尊重和深情，令人鼓舞。县长王彦芳同志多次实地调研，督促相关单位及时解决与发掘工作用地、安防设施改善及文物库房建设相关的问题。副县长董素平、徐中玲和甄泽亮等同志都给予无私帮助。石家庄市文化广电和旅游局张跃新、翟相伟，石家庄市文物研究所张献中，行唐县文化教育局邸建、康麀战，行唐县文化广电体育和旅游局刘文武、单春玲等同志给以热情指导。河北省文物局张立方局长、河北省文物考古研究院（原河北省文物研究所）李耀光所长、金岚书记、张文瑞院长先后多次前来工地督导发掘工作。发掘工作始终得到国家文物局、河北省文物局、石家庄市和行唐县文化部门、行唐县南桥镇人民政府的大力支持。在此一并致谢。

　　考古独具魅力，探究横生魔力。考古是一项高尚伟业。它追溯中华民族文明脉络，塑造文化自信，搭建不同文明交流互鉴的桥梁，为改革发展注入强大动能，具有重大社会政治意义。其内容包罗万象，方法日新月异，无论文史，还是政治、经济、法律、科技，抑或教育、旅游、医学、体育，皆可在这一领域大展宏图。田野没有车水马龙，却有璀璨星空；村原没有绿酒红灯，却有万丈霞虹。考古让人望穿万古红尘，听到未来回音。每当捧起一件文物，历史脉动霎时传及指端，凝视之间便和祖先心灵共鸣，那浩渺的时空之感，无限的通达之情，缓缓升腾。落在纸上，是光阴的故事，娓娓道来，是动人的诗篇。城乡融合、生态文明的新时代潮流，引领我们开拓创新的脚步。我们想做最好的考古、写最好的书，"虽不能及，然心向往之"。一列从战国时代鲜虞—中山国地盘开来的豪华车队，象征地位、财富、风俗和威仪，承载着墓主人的灵魂诉求，迸射夺人眼球的视觉冲力，牵动着后来者的求知欲望。本书推介故郡遗址出土的文物精华，撷取车马承载的历史内涵、发掘价值及动态意象，而名以《车出中山》，引领思绪追溯时空演进和考古历程，推激遐想、问学和期待，贯通过去、现在和未来。希望无论是考古学、艺术学、历史学的普通爱好者，还是相关学科的关注者和研究者，都能够从中有所获益。也希望通过我们的介绍，意气风发的中华少年，能爱上这份冰玉情怀的事业。

编　者

2020 年 12 月